AF362078

Pedaleando por la Patagonia.

Un encuentro con la soledad.

Luiz André dos Santos Gomes

© Luiz André Dos Santos Gomes

© Pedaleando por la Patagonia. Un encuentro con la soledad

ISBN papel: 978-84-686-5975-6
ISBN digital: 978-84-686-5976-3

Impreso en España

Editado por Bubok Publishing S.L.

Ese libro vá dedicado a tod@s aquell@s que, a persar de las adversidades, no dejan de luchar por sus sueños y por un mundo más justo.

Agradecimientos.

Ese viaje (y libro) es un producto colectivo, diversas personas que me ayudaran en mis jornadas. Aunque soy incapaz de recuerdar todos los nombres de las personas que me ayudaran (como la pareja que me ha regalado agua, cuando pensaba que tendría que tomar mi pipi para hidratarme en un lugar desplobado y helado de la Patagonia).

De todos modos doy gracias a Maria Roberta, Cicera Maria – mis hermanas – mi gran padre, un hombre de bien, Francisco Gomes, por su AMOR INCONDICIONAL.

A Jabito que me ha enseñado "como funciona una bici" semanas antes de irme a Argentina.

A Marcos Echenique (Buenos Aires), Klara Müffeler (Bremen), Walter Ramos (Recife), Walter Lucanero (Cerri), Gustavo Martín (Bariloche), Gabriel Hortal (Salamanca), Rubén Aldabó (Mequinenza) y Mathias Szefka (Gelsenkirchen).

Índice

Prólogo...11

Capítulo I
El regreso..15

Capítulo II
Sobre la preparación del viaje.............25

Capítulo III
 Contemplando la Via Láctea...............31

Capítulo IV
Cuando la soledad te abraza..............43

Cápitulo V
¡En la Patagonia quién se apura pierde tiempo!..59

Sinfonia de pájaros por la mítica Carretera
Austral
....62

Capítulo VI
El lloro de la bicicleta.........................79

La mofeta rayada.............................93

Capítulo VII
El imperio de Eolo.............................101

Capítulo VIII

Tierra del Fuego................................115

Prólogo

El azul del cielo parece perfecto en el medio de todo el paisaje que es entre gris y ocre; los pastos ralos, las piedras, el perfil de las sierras que se dibujan sobre el horizonte como el lomo de una iguana gigante. Como una pintura que es lugar común...

Cierto día hace ya unos años coincidí con un joven brasileño llegado a Salamanca con su "mochila" cargada de ilusiones, intereses académicos y una gran fuerza vital perceptible al poco de iniciar una charla con él. Pasamos unos bellos años de doctorado y de duro trabajo realizando nuestras tesis. Terminado ese tiempo seguimos caminos propios pero la amistad perduró.

El Dr. Dos Santos Gomes decidió conocer a seres humanos de distintos sitios del planeta. Se metió en los caminos polvorientos de la India, en los bosques de Sudamérica y en ciudades de distintos países de Europa. Todo ello con el fin de observar y participar en la vida de todas esas gentes. Y sacó conclusiones y tuvo experiencias muy variadas. Parte de esa riqueza vivencial la ha mostrado en distintos trabajos y publicaciones como la que tenemos el honor de prologar en este momento.

Aquí habla de la Naturaleza, de sus colores, de su "diálogo" de viajero con ella. Al lado de las impresiones cromáticas de origen externo relata su paisaje interior plagado de matices provenientes de la comunicación con unas y otras gentes de aquellas lejanas tierras sudamericanas. Espacios especiales los sudamericanos, espacios que al autor de este libro le han marcado profundamente arraigando para siempre en una parte de su corazón y de su alma.

Los rostros de aquéllos con los que se cruzó le "contaron" tanto como sus palabras. Y aprendió de ello y siguió caminando, contemplando, compartiendo, pensando y soñando a medida que sus pies avanzaban por las "eternas" y sugerentes tierras del Sur de América, como un "conquistador" de sí mismo con ánimo de encontrarse en paz con hombres, mujeres, niños, ancianos, perros, gatos, árboles, ríos y cielos azules; inmensos y perfectos cielos azules como arriba refiere.

El Dr. Dos Santos Gomes se convirtió en un trotamundos que me narraba de vez en cuando sus peripecias desde Escocia o sus miedos e inquietudes desde la India. De todas sus experiencias, las sudamericanas le han aportado un contingente de imágenes que ha deseado compartir con nosotros en esta obra, llena de referencias de encuentros vivenciales, a la vez emocionantes y de supervivencia, tan valorados por el antropólogo que ama el "campo", porque el autor de este libro es un antropólogo de campo esencialmente.

La Patagonia me parecía tan fascinante y misteriosa que me excitaba viajar con tan poco y solo, dejarme ser devorado por aquellos paisajes, sentir mi pobreza delante del viento.

La narración de André no sólo es descriptiva, a veces es técnica, a veces delicadamente antropológica. Se trata de un discurso referencial sencillo y a la vez vivo, sin artificio expresivo, fiel reflejo de lo sensorial y de lo poético a partir de la impresión de aquella maravillosa naturaleza sobre él. Expresa en algunos pasajes una fascinación magnética del espacio sobre sus sentidos.

El "diario de abordo" de André parece el cuaderno de bitácora de un naturalista de tiempos pasados surcando mares y tierras desconocidos, a la antigua usanza de los antropólogos clásicos. Conjuga el azar con el entorno a partir de un plan sencillo basado en recorrer un territorio con lo mínimo y a ver qué nos encontramos. Y nos sorprende lo fortuito, los retratos instantáneos de uno y cien tipos y gentes que va encontrando. Pinceladas de sus vidas, impresiones personales y carretera, más carretera en este mundo que encuentra, más parecido a veces a un mundo imaginado por guionistas de cine de viajes que a un proyecto de experiencia mundana ideado por razones personales y antropológicas.

Tras leer las experiencias y relatos de observación de André sobre Sudamérica y sus gentes uno siente el contraste de su mente al reconectar con su entorno circundante, un contraste marcado. La descripción del camino de vida, articulada y conjuntada con las refe

rencias experienciales y de impresiones naturales te llevan a imaginar aquellas tierras en la línea de lo que te proporcionan las narraciones de viajes clásicas. Pero André le pone su sello particular, el sello de un brasileño que lleva los colores de la naturaleza y del alma en su corazón y su mente.

Disfruten de la lectura.

Dr. Alfonso J. Aparicio Mena

Antropólogo de la salud y docente (Castilla y León, España) autor del blog Antropologia Mundi.

http://anthropologiamundi.blogspot.de/p/publicaciones-sobre-antropologia-de-la.html

Capítulo I
El regreso.

Después de tres días disfrutando de las calles y el movimiento de la ciudad más austral del mundo decido regresar a Buenos Aires. Antes hice lo que ya venía mentalizando antes de terminar la aventura: vender la bicicleta. Me la compró el administrador del camping en que he estado. Tenía la posibilidad de coger un avión, pero aquí tenía dos inconvenientes gastar todo el dinero que había recibido por la bici y, el que más era injusto, hacer en poco más de tres horas un trayecto que he tardado 40 días en hacer, pedaleando.

La otra opción era subir al Norte en autobús, un largo viaje que me salía casi tan costoso como en coger el avión. Así que después de no mucho pensar decidí que iba viajar en autostop – ya que tenía suficiente experiencia por mis viajes por diversos países europeos – eso de manera alguna mi asustaba al contrario, me excitaba.

De esa forma salí el jueves ocho de enero del camping con mis dos alforjas y cogí un bus local para salir de Ushuaia. Y el interesante de estar por aquellas latitudes es que solamente hay una entrada/salida de la ciudad. Es decir entrada/salida Norte.

Así que el bus me dejó en la única salida de la ciudad. Allá había un puesto de policía que paraban algunos coches aleatoriamente, pasé andando por ellos, les saludé y me puse justo al lado del bonito portal de entrada de la ciudad, el mismo el que crucé días antes, emocionado por estar concluyendo me viaje en bici.

Ahora pulgar arriba y después de un buen tiempo en que pasaran pocos coches y camiónes, me recoge María una chica que iba a Tolhuin a comprar una medicina a su caballo que estaba muy enfermo.

-¿Y no hay medicina para caballo en Ushuaia?

Ella me responde que no. Es como que allí es una ciudad moderna, y Tolhuin tendría la medicina por ser un pueblo pequeño con más campesinos y animales. Así que los 112 Kms se pasaran rápidamente dentro de aquel coche. Y en algunos minutos ya estaba al lado derecho de la carretera Nacional 3.

He estado más unos cuantos minutos allí hasta que baja de un coche una chica – que más parecía una desdichada de la vida, con las ropas y zapatos rotos. Era una Israelí que también subía en auto-stop, en dirección El Calafate. Después de hablarnos algunos minutos, ella decidió se poner muchos metros más adelante, según ella era más fácil coger autostop como mujer y sola.

Poco tiempo después para un coche en el cual subo y al pasar por la chica también paramos, así que íbamos los tres y trabamos una interesante conversación. El señor que conducía era un ingeniero responsable por dejar en perfecto funcionamiento algunas máquinas industriales, uno de esos especialistas que viajan por todo el país para hacer manutención especializada. Por supuesto él se interesó bastante en saber que hacían sus invitados que había recogido en la carretera.

Yo dejé primeramente la chica israelí hablar. Ella estaba viajando a más de dos años en autostop desde Méjico. No pagaba hostales, dormía en la floresta o donde le invitasen, pero jamás en hostales o campings, comía siempre arroz y avena y así seguía viajando por todo el continente. El conductor se impresionó con la historia de la chica y dijo que jamás podría hacer un viaje así. Yo estaba de acuerdo con él por que tampoco yo podría viajar en tales condiciones, y así fuimos hablando hasta que llegamos en Rio Grande.

Cuando bajamos del coche he visto que ya era más que 16:00 horas, el amable conductor nos indicó donde estaba la estación de auto bus, "por si acaso". Caminé algunos Kilómetros con la chica hasta que por fin nos separamos y me quedé en una rotonda. Sabía que allí no era el mejor sitio para estar, pues me acordaba bien de ese camino, pero no tenía ganas de seguir andando. Estaba al lado del Atlántico y tenía una buena vista de la inmensidad del mar y del ilimitado horizonte. En otros lugares, la línea del horizonte se quiebra o se oscurece; en la patagónia se funde con la bóveda que está sobre nuestras cabezas, infinitamente más vasta que la que si divisa en las grandes extensiones donde se pespliegan campos y bosques.

En este cielo panorámico, las nubes parecen más compactas y a veces la concavidad de su parte inferior refleja con magnificencia la curvatura del globo terráqueo. Ese apreciación era la mejor cosa que tenía en áquel momento ya que lamentablemente el tiempo pasaba y ningún coche paraba, ya me imaginaba donde iba a poner la tienda para dormir, por comida no tenia problema ya que tenía pan, queso, salami y algunas frutas. Mientras tanto para un coche pequeño, era un chico joven que me ofrecía quedar en su casa aquella noche. ¿Y por qué no? Pensé yo.

Así que pasé la primera noche de mi viaje dirección Norte en compañía de Maxi y sus amigos. Antes conocí a sus padres y hermanas, mi habló de sus anteriores problemas con las drogas y con las personas que vendían (incluso hemos hecho una visita a uno de esos tipos, para pagarle algo de dinero que él debía). Hicimos una buena cena juntos, con muchas cervezas, intentaran me convencer a quedarme el otro día también pues "es viernes y hay una fiesta muy buena". Pero yo solo pensaba en seguir rumbo al Norte, y negué.

He despertado excitado para regresar a la carretera y esperé que Maxi se levantara, él como me había prometido en el día anterior, me fue a llevar a la salida de la ciudad, me dejó antes de donde estaba el control policial ya que no tenía la documentación del coche en orden. Así que caminé un poco y me puse en el lugar correcto, después de la policía donde los coches pasaban a baja velocidad.

Aquí me recoge un tipo joven y enérgico que llevaba comida a los trabajadores que construyen una carretera al borde la frontera con Chile. Como muchos de que trabajan en la Patagonia, era del Norte, de la provincia de La Rioja. Tenía un buen jefe y estaba muy contente con su trabajo y su vida en el Sur, aunque su sueño es regresar a sus origenes. Me dejó en el puesto fronterizo todo contente y aún me ofreció manzanas, agua mineral y batatas cocidas.

Entré el puesto policial para sellar el pasaporte y luego levantar otra vez el pulgar. Después de algunos minutos llega otro chico para hacer autostop, un tipo lleno de tatuajes que nunca había hecho autostop. Para no estar los dos allí en la frontera decidí subir en el coche de unos chicos que iban a Punta Arenas. Me dejarían una decena de kilómetros más adelante en el puesto fronterizo San Sebastián.

Más un sello en el pasaporte. Aquí he estado unas cuantas horas ejercitando la paciencia y la fe. Escuché música, me senté, reencontré un ciclo viajero que ya estaba en Tolhuin, pero que había ido - y ya venía - a Punta Arenas recoger repuestos para la bici que alguien le envío desde Alemania, siempre en autostop. Y mientras hablaba con él pregunté a un chico joven se podía llevarme en su camión hasta Ríos Gallegos. Me dijo que no, porque pensó que éramos dos, pero luego le he dicho que el chico alemán estaba indo en dirección contraria. Así que después de un rápido pensamiento me dijo que podía subir.

Fue recoge mis dos alforjas. Y después que subí en su ordenado camión, hemos tenido que esperar la chica de la aduana que viene ver si no entramos en Chile con alguna fruta o verdura – cosas del Ministerio de Agricultura.

Ya en los primeros Kilometros de viaje hemos visto que teníamos algo en común, habíamos nacido en el mismo día, solo que él algunos años después de mí. Lucas tenía 22 años, muy educado, limpio y delgado. Desde el principio hemos tenido mucha cordialidad y conexión, cuando menos esperábamos ya estábamos ingresando en la balsa que cruza el estrecho de Magallanes. Confieso que crucé disfrutando de todo aquél paisaje consciente que dejaba para tras la Tierra del Fuego. La inmensidad patágonica no se nota tanto en Tierra del Fuego porque hay lomadas que le ponen coto al horizonte, uno sabe que más allá no hay más que otras porciones de la Nada, pero se la vista puede detenerse en una elevación piedras, o si el camino ofrece una curva, se tiene al menos la ilusión que algo cambiará.

Del otro lado del estrecho nos esperaba otro control de fronteras. Y esa vez algo muy curioso, era un solo puesto con la policía de los dos países. Uno sella primeramente la salida de Chile y luego se va a otra cola para sellar la entrada en la República Argentina. Aquí me he dado cuenta que en verdad Lucas iba en verdad a Buenos Aires.

No tardó mucho y él me dijo que podría "subir" con él. Así que pasamos por Río Gallegos – capital de la provincia de Santa Cruz – estaba contento, conseguí lo que quería, un camión con una persona educada e interesante con quien hablar mientras regresaba al Norte. Otra cosa positiva era que él transportaba unas piezas de aire acondicionado que pesaban muy poco, es decir el camión iba andar por aquellas rectas casi infinitas a una buena velocidad.

Después de pasar por Río Gallegos, segueríamos siempre por la Ruta 3, la ruta que, previamente, había imaginado que iba a hacer. ¡Y menos mal que he cambiado de ruta! La Patagonia Andina era sin duda más interesante y bonita para pedalear. En la ruta 3 el camino es desértico, los pastos ralos, mesetas infinitas con esa línea negra – la capeta asfáltica que cruza toda esa belleza estéril.

Parece hasta una alfombra mágica que nos conduce dirección Norte. Pasamos por un pueblo llamado Cmte.

Luis Piedrabuena y seguimos por la extensa provincia de Santa Cruz, yo no paraba de impresionarme con las rectas… Lucas a pesar de su temprana edad ya tenía toda la ruta muy bien aprendida, incluso me comentaba sobre algunos puntos estratégicos - lomas y montañas - de la ruta que los camioneros tienen como referencia (mata grande, makenke, el deseado, el Ferrer, tres cerros).

Después de hacer aproximadamente 700 km, paramos el camión en el medio de la nada – justo al lado de la cinta asfáltica, en las proximidades de Puerto San Julián. Era casi media noche y pensé: "¡Qué soledad, la vida de esos camioneros que cruzan todas las semanas la ruta 3, para ir de Buenos Aires hacia Tierra del Fuego!"

La noche fue corta porque antes de las 6:00 ya estábamos con el camión en marcha. La mañana era esplendorosa, el azul del cielo era perfecto. Lucas estaba animado por llegar en casa y aceleraba con gusto el camión que cortaba el paisaje desolador, esa estepa gigantesca. Afuera un viento ruidoso nos obligaba a dejar las ventanas cerradas. Luego adentramos en la provincia de Chubut, pasamos por Comodoro Rivadavia, después de centenas de Kilómetros rectilíneos cruzamos Trelew, un pueblo colonizado por galeses, en su tiempo. No mucho lejos de allí Puerto Madryn. Allí miré aún con más atención como era la entrada a la ciudad, pues desde esa ciudad pensaba que iba empezar mi ruta. Menos mal que no fue así.

Durante muchas horas Lucas ha conducido en el "automático", así aprovechaba para cambiar de posición, estirar las piernas, la espalda, a final qué más daba, la carretera no ofrece ningún peligro, siempre una línea recta.

Esa ruta pasa siempre por fuera de las pocas ciudades existentes, durante todo el trayecto no se ver policías, solo los que están presentes en la frontera con Chile. Eso sí las rectas son una constate, el paisaje non cambia, llega a ser triste. No hay nada verde, un sitio donde se pueda detenerse, hay poco transito, y claro pocas gasolinera en la ruta. No se ve a nadie, ni un gaucho, ni un rebañito de ovejas, ni una estancia...

El azul del cielo parece perfecto, en el medio de todo el paisaje que es entre gris y ocre: los pastos ralos, las piedras, el perfil de las sierras que se dibujan sobre el horizonte como el lomo de una iguana gigante. Como una pintura que es lugar común… Avanzamos hasta un lugar llamado Tres Cerros. Allí echamos gasóleo, tomamos café y desde la estación de servicio se ver tres lomas y no hay nada alrededor de 200 Km.

En la radio escuchábamos mensajes para las pocas almas vivientes de allí, de personas que estaban ingresadas en el hospital, de personas que vienen, o no vienen, a visitar la familia… Ese es el único medio de comunicación/información para aquella gente.

Seguimos viaje entre largos ratos de silencio, observando la inmensidad de tanta tierra deshabitada y asolada por un viento constante. Solamente en la provincia de Rio Negro a altura de Conesa el paisaje, por fin, empieza mudar, se ver algo de verde, un color que se echa de menos durante todo el largo camino, donde el horizonte no te enseña casi ningún detalle.

Eran casi las 22:00 cuando llegamos en Cerri, ya provincia de Buenos Aires, a tan solo 15 Km al Sur de Bahía Blanca, hemos recorrido más de 2.300 Kilómetros.

Lucas me dejó en la parada del bus que me llevaría a Bahía Blanca. Bajé cansado y feliz por haber cruzado toda un ruta que había pensado en pedalear, más feliz por haber hecho un viaje tan agradable con Lucas.

Al subir en el autobús urbano me dicen que solo se puede pagar el billete con una tarjeta, que claro no la tenia, el conductor no podía cobrar en metálico, pero dijo que me llevaría sin problemas. Al final le he dado un saco de papas que ni él imaginaba el caro que pagué en algún lugar, allá… en el fin del mundo.

Pensaba en dormir en Bahía Blanca, pero por fin tomé un bus a las 2:00 de la mañana en dirección a Buenos Aires – allí me esperaban Marcos y Klara – personas claves que me animaran durante todo el viaje y más que eso, personas por las cuales uno tiene ganas de retornar. He aprendido que es siempre bueno tener alguien que te espera a tu regreso.

Por ironía del destino el bus que viajé venia de Bariloche donde empieza toda mi aventura en pedales, que vos contaré en las próximas páginas.

Capítulo II
Sobre la preparación del viaje

La Patagonia me parecía tan fascinante y misteriosa que me excitaba viajar con tan poco y solo, dejarme ser devorado por aquellos paisajes, sentir mi pobreza delante del viento.

Desde el período que he vivido en Freiburg, Alemania (2002), he aprendido a moverme en bici. Después que te acostumbra con el movimiento, la libertad, la fuerza que pide a tu cuerpo para desplazar, es difícil dejar de ser un ciclista. Pero debo decir que siempre fue un ciclista urbano. La primera vez que "salí" a hacer una ruta, fue de 80 Km en un día, y llegué en mi casa medio-vivo. Aún así puse en la cabeza que quería viajar por la Patagonia en bicicleta.

Además de mi falta de experiencia en rutas, lo que tenía en contra de toda mi voluntad, era mi ignorancia con la mecánica de bici, aunque parezca chistoso aprendí a arreglar un pinchazo pocas semanas antes de emprender viaje a Argentina. Junto con un compañero de Salamaca, Jabito, y su eterna paciencia, aprendí "cómo funcionaba" una bici. Él se reía de mi osadía y me presentaba a todos y todas que entraba en el taller, con una "envidia sana" del chico que se iba a la Patagonia.

Es verdad que poco entendía sobre mecánica de bicis, pero debo decir que fueran muchas las lecturas que hice, en libros y blogs de ciclo viajeros. Fueran muchos los mapas que he revisado, rutas que he planeado, horas y horas de información para decidir que culote y que corta vientos comprar. Aprendí nombres de ropas y esas pequeñas cosas tecnológicas (como el Gore-Tex), que hasta entonces no sabía que existía.

Dentro de mis lecturas una de las cosas más importantes que he aprendido es que mucha gente viaja cargada de cosas "Por Si Acaso", un acaso que con muy poca probabilidad puede suceder. Así que he decido no llevar nada más que dos alforjas en ellas tenía:

Dos culotes (un corto y otro largo)
Un jeans
Tres t-shirt
Tres calzoncillos
Dos pantalones cortos
Una camisa de botones (que solo usé una vez en Ushuaia)
Una camisa térmica (luego compré otra en Esquel por el frío que hacia)
Una carpa (1,90kg)
Un compacto saco de dormir
Una esterilla

Un hornillo (el primer gas compré en Bariloche, así como el gorro y las gafas de sol)
Un conjunto de huellas compactas (que venía con dos platos dentro)
Un mechero y una pieza que era a la vez cuchara, tenedor y cuchillo
Una llave multi usos, parches, una camara de aire
Comida (Pasta, arroz, pan, queso, aceite de oliva etc.)

Para sorpresa de muchas personas, no he llevado casco y nada tecnológico como GPS, o teléfono celular. Tampoco tenía más que un mapa de esos turísticos que te enseña muy mal donde están las ciudades, que conseguí ya en Bariloche (eso despúes me pasó factura...), en mi inocente cabeza solo había un camino, y ese era el que bajaba hacia el fin de las Américas, al verdadero finisterre de la carta geográfica americana. Queria hacer el viaje sin contabilizar, sin pensar en números, así que no llevé reloj, ni mucho menos cuenta Kilometro (no tardó mucho para que cambiase de idea, he tenido que comprarme uno, por pasar un males momentos).

Llevaba siempre algo de dinero en metálico, por la Patagonia son pocos los lugares en que se puede utilizar tarjeta y cajero electrónico es otra cosa que se encuentra raramente por allá.

Así que vestido con mi jeans, otra t-shirt, mi nueva y reluciente chaqueta cortavientos y con mis dos alforjas salí el día 18 de Enero de Salamanca a las 9 de la mañana con un frío de 2°C. Después de unas cuantas horas de vuelo, a las 8:00 de la mañana del día siguiente ya estaba deambulando en el calor de Buenos Aires. Era un jueves, y con la inestimada ayuda y orientación de Marcos el sábado ya estábamos pedaleando con mi nueva bici por las calles de la capital Argentina.

El incómodo inicial de todo ciclo viajero es transportar la bici. Todo un trabajo para desmontarla, desinflar las ruedas, poner en una caja grande, quitar los pedales etc. La tarea principial es de llevar la bici dentro del cartón hacia el auto bus y un teatro con el conductor, como se fuera muy normal cargar una bici como equipaje.

Debo decir también que antes mismo de inicar el viaje en bici, he tenido muchas invitaciones para hacer turismo por la sierra Cordobesa, hacer una la ruta de Siete Lagos, bordear el lago Nahuel Huapi… Todos eses programas son más que recomendables e interesantes, pero en mi cabeza ya tenía muy determinada que me dirección era el Sur del Sur. Así que con las ideas muy claras me dirigí a Bariloche. Y allí, con la ayuda y buena conversación de mi anfitrión, Gustavo, he montado nuevamente la bici, las alforjas y… el primer problema, antes mismo de empezar: las partes posteriores de mis pies tocaban las alforjas mientras pedaleaba. Solución: poner-las más para tras, el inconveniente era que desplazando las bolsas los cierres se quedaban en la parte curvada del transportín. Eso tenía mala pinta, sí fuera poner y sacar las alforjas todos los días, seguramente el cierre iba a romper, es decir la solución me daba otro problema, pues: ¿Dónde iba encontrar un cierre en el medio de la Patagonia? Decidí fijar las dos alforjas con precintos (en Argentina ese dispositivo se llama Brida).

Debo decir que Gustavo como un buen nativo fue conmigo a un supermercado y allí me enseño una buenas galletas, con frutos secos que me acompañaran en casi todo el viaje, además las marcas de los sumos, me explicó un poco sobre la carne... a final hice las compras necesarias para las primeras etapas.

Era jueves 26 de enero de 2012 cuando empecé a pedalear, antes de coger la ruta N40, hice algunos Kilómetros extras para encontrar otra nativa, una artista llamada Gabi. Un baño en el lindo lago que dar un color y una atmosfera especial a la ciudad de Bariloche, una ensalada, y salí como las 14:00 horas en dirección a Rio Vallecas, antes he leído algunas líneas que me había escrito un día antes:

Seguir siempre
con precaución
con ilusión por el camino que se vive
mira el horizonte...
esa es tu meta!
Tu cuerpo cansará. Reposa
Y sigue adelante escuchando el silencio
de tu ser, de la naturaleza
Vendo los colores que te presentan
siente los olores...
y ojala apriendas que todo es efimero...
menos el horizonte...
asi que hay que seguir adelante.

Bariloche
25 de Enero de 2012

Capítulo III

Contemplando la Via Láctea.

Salgo despacio intentando "escuchar" bien la bici, llevaría unos 15 kilos entre las dos alforjas, un bolso delantero - que luego ví que me molestaba más que ayudaba - y así fue percibiendo las nuevas dimensiones de la bici, el centro de gravedad cambiaba. Prudentemente entro en la mítica Ruta Nacional 40.

Mi destino era Río Villegas, apenas un punto en mi pobre mapa. En una de mis primeras paradas para tomar sumo, me acerca un ciclista local, que luego empieza una animada conversación sobre mi viaje. Él me dice que hacia me destino tenía una cuantas subidas leves y luego una gran bajada.

Seguí me camino y solo veía subidas, subidas, subidas… y el tiempo pasaba y no tenía la mínima idea de la hora y de cuantos Km me quedaba por hacer. Resulta que la tan esperada bajada la hice con la luz delantera puesta, ya era noche cerrada y bajé a toda velocidad, concentrado en los pocos metros que veía y esperanzoso que ninguno de aquellos pequeños mosquitos entrarian en mis ojos. Luego abajo había un puesto de gendarmería, y desde allí salí de la ruta buscando un camping, que por supuesto con aquella oscuridad no he encontrado. Me dirigí al primer foco de luz que encontré, y amablemente el hombre me enseña donde podría poner la tienda.

Esa era la primera vez que iba montar la tienda, la primera vez que iba a dormir en una tienda. Con la linterna en la boca y más fácil que esperaba, he montado la tienda y allí dormí divinamente, pero antes observé la Vía Lactéa, todo un espectáculo.

Desperté después de un sueño profundo y fue luego inaugurar lo que sería me cocina en las próximas semanas.

Me hice un café, comí pan y muy despacio reorganicé las alforjas. Agradecí al señor la amabilidad de me haber dejado dormir en su precioso jardin, y me fue a la carretera. Entre subidas y bajadas y ya con los primeros dolores musculares, me animé cuando vi después de horas pedaleando la entrada para una cascada.

No me molesté en pagar para entrar en la Cascada La virgen. Allí en aquel paraíso natural fue me primera ducha en el viaje, luego disfruté del espacio que tenían para cocinar mi pasta, echar una siesta y nuevamente a la ruta, me dirección era el extremos suroeste de la provincia de Rio Negro, El Bolsón.

Es un pueblo de artesanos, muy orgullosos de su fama ecológica y siempre con sus hippies y falso-hippies que por allí están. Me fue a un camping muy bueno, y después de montar la carpa dormí otra vez, por la noche fue a ver un espectáculo musical, pero estaba tan cansado que decidí regresar al camping y… a dormir.

Empezar un viaje así es siempre un castigo para el cuerpo, aunque estés comiendo todo el tiempo cacahuetes, galletas, tomando sumos, agua, chocolate etc. El cuerpo siente el esfuerzo. Así que desperté sintiendo un dolor en el cuello y en el músculo abductor izquierdo. Puse unos parches, y fue a comprar carne y pan. Y ese fue me desayuno. Antes de abandonar El Bolsón he comprado un cuaderno donde fue utilizando para hacer mis registros por el solitario viaje, después no sería un trabajo sencillo decifrar lo que a veces se trata de códigos hieroglíficos. ¿Y cómo no entiendes tu letra? Me pregunto. Pero lo cierto es que la manera de escribir también se relaciona con el estado de cansacio de una persona.

Mientras hago los traspaso, inexorablemente me pregunto se la labor tiene sentido; para qué y para quien escribo y si un día seré capaz de darme cuenta de que lo que hago no sirve para nada y lo que será peor, si sabré admitir que a nadie le interese.

Sin embargo igual que la peregrinación de Pamplona a Santiago de Compostela (650 Km a pie), igual que el peregrinación de hacer un doctorado en Antropología (4 años) o el viaje que ahora relato, son todos caminos que hago para mí mismo y creo que la búsqueda del conocimiento es una actividad que tiene valor en sí misma, sin necesidad de validación externa alguna. Así que sigo me relato…

El tiempo era malo, cielo gris, lluvia fina y me deseo era de salir desde El Bolsón al Lago Epuyén. Sin embargo algo me atraía para ver el Lago Pueblo y decidí salir de la Ruta. A principio 8 Km de bajada más 4 Km hasta el Lago. Había tanta niebla que apenas se veía el lago, un frio… aproveché para comer plátano, pan con queso y antes de congelarme me fue por el mismo camino de regreso, es decir he tenido 8 km de ascenso antes de llegar nuevamente en la ruta. Ya en la Ruta 40 el camino era muy bueno, con generosas bajadas hasta un pueblo que se llama El Hoyo. En la misma ruta está la información turística, como que te invitando a que quedes allí, pero solo después me he dado cuenta de eso. Paré y tomé casi 1 litro de sumo y según la señora de la información turistica, hasta Lago Epuyén tenía 25 Km. Me animé y seguí pedaleando.

Por el camino el viento aumentó considerablemente, el tiempo no ayudaba, yo no tenía ningún registro de distancia y resulta que a duras penas hice esos 25 Km que sólo en recordar para mi eran como 250 km.

En la entrada del lago otra bajada, solo que de ripio, llegué muy despacio por la fuerza del viento que me frenaba. A pesar del cansancio estaba feliz y me busqué un camping barato para montar la carpa. En toda la imensidad del camping no había nada más que una pareja jóven de Buenos Aires.

Outra noche de sueño profundo y al despertar seguía la lluvia, el viento… era domingo y decidí quedarme otra noche allí, también porque el dueño nos dejó estar en una cabaña donde secábamos la ropa, tomábamos café, mates y el mejor: conocíamos gente local.

Juan de Dios es un auténtico Mapuche, 73 años, nos contaba historias de cuando era niño y viajaba por toda aquella región a caballo con su padre; de los españoles que cambiaban vasos de vidrios por piezas de plata. Un hombre con mucha vitalidad que gana la vida haciendo trabajo en las tierras de otros, esa es la realidad de muchos de los mapuches que aun sobreviven por allí.

Cuando aparece un poco el sol, voy en bici a ver el Lago y a visitar el Centro Cultural Antu Quillen (So y Luna en la lengua mapuche). El lugar es espectacular, aprovecho para degustar una cerveza artesanal y un pastel que ellos hacen (apreciaba una linda vista al Lago Epuyén), mientras tanto ya entablaba una conversa con Sergio, que hace parte de la asociación, me hablaba de la cultura mapuche y sus ceremonias, con rituales espirituales con mucha simbología – todo estaba conectado con elementos naturales. Me habló que allí no tenía tiempo para aburrirse y luego me enseño una pieza de madera en la cual estaba trabajando.

Pensaba en lo jóvenes del mundo moderno que rápidamente se aburren de todo, que no tienen objetivos a pesar de vivir en un mundo tan globalizado y tan conectado, quizás lo que nos falte sea justamente esa "desconexión" de la modernidad y que nos centremos un poco más en la naturaleza…

Sin duda Sergio es uno de los pocos afortunados que viven de su precioso trabajo. Muchos mapuches viven a lo largo de toda cordillera, pero en condiciones de pobreza o abandono… no llegan a medio millón de personas.

Fue a dormir pensativo. Desperté con un clima más que adverso y aun así decidí que seguía viaje, no quería estar más un día gris en aquél camping. Pues bien, ese fue uno de los peores días de todo el viaje. En pocos km ya estaba con los pies empapados de agua. Hacia un frio y una lluvia fina que no paraba, y para acompañar el viento… empecé pedaleando fuerte a pesar de sentir molestia en la espalda tenía la idea de llegar a Esquel – más de 120 Km – ya que entre el medio no había población.

Cada parada para tomar agua o hacer pipi era dolorosa, no tenía noción del tiempo, rezaba para que parase la lluvia, pero… todo empeoraba, en un cierto momento paré para coger agua en un arroyo y vi que ya no sentía los dedos de los pies, los de las manos me congelaban, controlar la bici era más difícil…

En el medio de todo ese "panorama" he visto una casa y a lo lejos que había gente trabajando en la tierra, no tenía otra opción sino parar allí y pedir ayuda. El señor Atilio me abre "el portón" de su finca y me lleva a una casa sencilla, donde guardaba ropas, maíz etc. Luego se dispuso a coger leña para hacer fuego, seguramente eso no duró más que algunos minutos, pero para mí parecía horas, perdí la sensibilidad de las extremidades de mi cuerpo, sentía mucho frio.

Cuando vi el fuego, casi que me tiro en cima, y poco a poco fue retomando conciencia de mi cuerpo y me tranquilizando. En ese tiempo ya había conocido las dos nietas de Atilio, e intentaba secar mi ropa.

El sol salió y cuando ya pensaba en regresar a la carretera, Atilio me invita a recoger leña con él. No podía negar. Y así he estado horas con él cargando leña para la ceremonia mapuche (la misma que Sergio me había hablado). Allí donde estaba se celebraría en algunas semanas la tan esperada ceremonia de los mapuches.

Dentre nuestros temas de conversación él me hablaba del litigio con la firma italiana Benetton, que había comprado las tierras de los mapuches y expulsado a la población nativa, él mismo con su familia fue expulso por la Policía de sus tierras. Atilio junto a su mujer, con la ayuda de una ONG, llegaran a ir a Italia en 2004 para hablar sobre el problema directamente al propietario de la marca italiana, el señor Luciano Benetton.

Ellos han regresado a las tierras de sus ancestrales aunque todavía está en la justicia una orden de desalojo de su familia. Atilio es un hombre muy valiente, fuerte y como un buen mapuche conectado con la naturaleza, es una pena que empresas vengan de tan lejos, se asocien con gobiernos corruptos y produzcan tanto daño a toda una etnia.

Otro de nuestro tema eran los evangelizadores que todavía insisten en la conversión de los pocos mapuches existentes. Él me comentaba que recibía a las monjas educadamente, pero que le incomodaba la hipocresía de la religión. "Si en uno de los mandamientos dice: no robar. ¿Por qué vienen a robar nuestras tierras?" A final la conclusión era que la iglesia católica debería ir a evangelizar las empresas italianas, y no incomodar a las pocas familias mapuches que resisten en mantener su cultura.

Todo el conocimiento mapuche es pasado oralmente de los más viejos a los más nuevos, ellos tienen una continua conversación con los más pequeños, para que vayan aprendiendo sus costumbres, el significado de la naturaleza etc. En la otra dirección hay todo un respeto de los niños a los más viejos.

Esas conversaciones fueran hechas mientras cargábamos la leña para la futura ceremonia, tardamos horas en ese trabajo, al finalizar regresamos a la casa donde me había secado. Él se fue por el campo a buscar sus cabras y yo me quedé ordenando la bici, secando la tienda etc.

Luego regresa Atilio me invitando a tomar café con su familia. En su humilde casa, en el medio de la Patagonia, por todos los lados se veía montañas nevadas… He conocido a Sra. Rosa. Una mujer de mirada amable y a la vez con una fortaleza física notable. Comimos unas pastas con dulce de leche y café. Sra. Rosa me hablaba de su familia, uno de sus hermanos tiene 17 hijos con 3 mujeres. Se todos mapuches fueran así, luego repoblarían la Patagonia – pensé para mí mismo.

Acto seguido Atilio me dice que estaba indo a Esquel con toda su familia (unos 80 Km) y me dice para venir con ellos. Despúes de todo que he pasado por la mañana, resolví no rechazar la invitación, pusimos la bici sobre su viejo auto, y allí íbamos todos, despacito en dirección a Esquel. Sus nietas dormían a mi lado en la parte detrás del coche, Atilio y Rosa iban a delante y comentaban sobre todas las subidas de las cuales me había esquivado.

Cuando llegamos a la entrada de Esquel ya era noche, hacía un viento fuerte y un frío que no me esperaba, monté en la bici y hice más algunos cuantos Km buscando donde dormir. Pasé al lado de un camping pero esa noche no aguantaría dormir con él ruido del viento, fue a buscarme un hostal. El primero estaba lleno, pero luego encontré otro – cuando vi un reloj no me lo creía eran las 22:30 - y allí dormí en una cama por primera vez desde que empecé el viaje.

Estaba con el moral abatido, no me imaginaba pasar tanto frio, no me imaginaba "perdido en los kilómetros patagónicos", no me imaginaba que iba montar la bici en un coche, aunque fuera de una familia mapuche, no me imaginaba que no quisiera montar la carpa por no soportar el viento y el frio… fue sin duda mi primero día de crisis.

Con todo el cansancio que tenia, dormí como un niño en aquella cama. Cuando desperté tenía un sentimiento rarísimo. Quizás por el viento que soplaba, o por cómo se balanceaban los arboles... me sentía sólo también. Sabía que a partir de allí habría más viento por el camino y menos población. Así que después de un café decidí reaccionar.   Fue al centro compré un cuenta kilómetros – el señor de la tienda me quería cobrar una barbaridad para montar el aparatito. A final en otro taller el señor después de una corta conversación llamó a Miguel, un joven aficionado del ciclismo, y él me puso el cuenta kilómetros y aún reguló los cambios de la bici, y no quiso cobrarme nada, estaba más animado que yo por mi viaje.

El acto de comprar ese aparato no fue tan difícil, es decir sin dar tantas vueltas a la cabeza puse me orgullo de lado – no quería pensar en números a principio – y decidí priorizar la seguridad del viaje, a final ahora iba a adentrarme en la Patagonia desolada, donde había pequeños pueblos dispersos por esa inmensa región.

Tenía todavía presente el frio que pasé en el día anterior, así que compré una camisa térmica de manga larga, intenté comprar algo para proteger las zapatillas de la lluvia y el dueño de la tienda me dijo, "ponga una bolsa plástica que ya verás como protege."

Ya sabiendo que en las próximas poblaciones había pocas opciones de servicios, saqué dinero (para cambiar Euros había una cola larguísima), fue al supermercado compré muchos frutos secos, pan dulce, pan, queso y carne. Regresé al hostal y cociné arroz con carne. Comí bien y sólo a las 14:20 salí de Esquel.

El correo electrónico que he escrito ese día:

AQUI ESTOY SEGUIENDO.

CON ALGUNOS DOLORES NORMALES... POR TANTAS HORAS EN LA BICI, PERO BIEN.

EL VIENTO DEJA EL VIAJE MUY DURO... ES TODO UN DESAFIO PERO SEGUIRÉ ADELANTE.

YA ESTOY EN ESQUEL... Y EL VIENTO NO PARA... AQUI ES PATAGONIA PROFUNDA Y LAS DISTANCEAS SON LARGAS... ME PILLÓ AYER LLUVIA Y FRIO. PASÉ MAL PERO LUEGO TODO SE HA RESULTO. HOY VENCI MI ORGULLO Y VOY COMPRAR UN CUENTA KMS Y UN RELOJ... SINO SERÁ MÁS DIFICIL TODOAVIA... YA QUE POR AQUI SE ANDAS MUUUUUUUUUUUCHOS KMS SIN NINUGUNA POBLACION.

Cuando por fin llegué a la ruta 40 ya había circulado 16 Km, a pesar del viento, hacia sol, me sentía más animado, aquél era el viaje que había elegido libremente así que había que seguir. Y después de una bajada en que venía a más de 60Km por hora he tenido mi primer y único pinchazo del viaje. Cambié tranquilamente la caméra de aire y seguí camino entre muchas rectas y pocas subidas, y después de unos 100 km llegué en Tecka.

Durante esos primeros dias de viajes percebí la hermosura y la dureza de la soledad. A causa de la soledad todo lo que me rodeaba, incluso el más simples y corriente, aparentaba tener un mayor significado. La nieve de las montañas parecía más fría y misteriosa, y el azul del cielo más nítido, la gotas de lluvia descendían dibujando líneas abstractas en mi cuerpo...

Capítulo IV
Cuando la soledad te abraza.

Segunda Etapa

Cuando se llega en una población "desolada" el primero que uno hace es atentamente localizar alguien que te pueda dar alguna información, es decir, ver un alma viva por las pocas calles. En Tecka no encontré a nadie por la calle, así que toqué la puerta de lo que parecía ser un mercado. El señor me dijo que el camping estaba en la entrada del pueblo y debería tocar a la puerta de la señora que vivía al lado.

Y fue justo así que aconteció, la mujer sale de su casa y nos vamos al "camping". Abre-me lo que es el salón de encuentros de la comunidad, para me enseñar donde está la ducha, me cobra los pocos pesos de lo que cuesta la estadia, y se va medio que apresurada como que hay mucho lo que hacer todavía. Hacía tanto viento que le pregunté se podría dormir allí dentro del salón, pero con la negativa no me quedaba otra que ir al "camping" que estaba al lado de la carretera.

A duras penas consigo montar la carpa, ya que el suelo no era apropiado. Y, la rutina del ciclo viajero solitario, una ducha caliente, lavar ropa, masajear el cuerpo, andar alrededor del pueblo, revisar la bici, cocinar lo que este a mano, escribir… charlar por aquí sólo se for con los pollos que están por el camping.

El suelo, a pesar de la incomodidad, no molestó mi solitario sueño aquella noche. Desperté con los pollos tirando de la carpa y un viento revuelto. He llevado todas mis cosas para dentro del salón y allí reacomodé en las alforjas, un café y nuevamente animado para más una etapa. El destino era Gobernador Costa, unos 90 Km.

La carretera está cada vez peor cuidada, también a cada día se ver menos seres humanos, venia "jugando" con el cuenta Km, tenía planeado descansar después de los primeros 40 km, pero esos fueran hechos siempre con viento en contra, y justo después de esa distancia el viento ameniza y cambio de idea, sigo pedaleando, al final todo el trayecto fue hecho con tres breves paradas, mucha agua, sumo y cacahuetes.

La ruta corta el pueblo, que tiene una gasolinera donde todos los coches y camiones que andan por allí paran. Hay también una información turística, allí fue yo saber dónde estaba el camping municipal. Me pasó el mismo que en Tecka, la mujer me enseño las instalaciones, me cobró y luego desapareció, la busqué varias veces porque quisiera tomar un baño caliente, pero nada. Así que he duchado con agua fría. ¿Compañeros de viaje? La soledad.

Busqué una ferretería para cambiar el espejo retrovisor que se me había roto, aunque cada vez es menos necesario mirar al espejo ya que hay tan poco tráfico. El pueblo me pareció una de esas ciudades texanas del viejo "far west". Encontré lo que buscaba y con una buena charla el señor me puso otro espejo y al final no me cobró nada. Quedamos que nos encontraríamos más adelante ya que él se iba por la ruta en coche los próximos días.

Mientras estaba en su establecimiento entra un típico y autentico gaucho con la vestimenta típica, llevaba una boina negra, bombacha marrón, un poncho, una bota, y también accesorios con figuras de caballos. Para mí toda una figura folclórica que estaba allí para comprar tornillos.

El viento soplaba y yo deambulaba por las calles de aquel pueblo en el medio de la Patagonia. Allí he debido comprar comida porque el próximo pueblo estaría a nada menos que 240 Km.

Tenía un sentimiento raro que no sé, perdón, como explicar aquí, así que traspaso literalmente lo que he escrito aquél día:

Cuando sales a buscarla
Tarde o temprano la encuentra
Sin mismo darme cuenta
Aquí está conmigo: la soledad
Que fuerte grita
Como me abraza
La soledad en el medio de la Patagonia
Montañas, cielos, nubes, horizontes...
Viento, más viento...
Y las piernas que libres y sin prisas
Disfruta del esfuerzo y embala el viaje solitario
O casi solitario...
Porque ella sigue aquí...

Desperté en Gobernador Costa con una incógnita ¿Dónde estaba mi carne? Ya me había pasado anteriormente en El Bolsón, de "perder" algo de comida. Preferí no dar vuelta al tema, arreglé las alforjas, me fue a la gasolinera y allí tomé un café doble, que me salió más caro que el camping, compré papel higiénico, galletas, chocolate – tenía "miedo" de que me faltara comida en los próximos días.

Ese día a cada 15 Km rodado tenía previsto comer un plátano y tomar agua. A los 60 km hice una pausa, algo como media hora. Y al regresar a la ruta vi por el retrovisor que venían otros ciclistas, casi no me creía.

Resumiendo – porque no vale la pena hablar tanto de eso – eran una pareja de jóvenes italianos, que venían desde La Quiaca (frontera con Bolivia), haciendo toda la Ruta 40. Ya en la primera pregunta percibí que estábamos en otra sintonía ¿Te duchas todos los días?

Ellos para no pagaren 10 pesos en el camping de Tecka (menos de 2€), fueran a dormir en un puesto de salud en construcción. Después de una corta presentación, pedaleamos juntos hasta completar el Km 100. Allí paré para descansar mientras ellos seguirían, hice una siesta, escuche música, recuperé fuerzas y después de 2 horas ya estaba mentalizado en hacer más 20 Km.

En menos de 4 Km encontré a los dos, y hice lo que no me apetecía, quedarme. Ellos querían compañía, les habían dicho que esa parte de la ruta era muy deserta y peligrosa. La chica no podía seguir y al final me quedé con ellos. Un coche tenía chocado con una oveja (de Benetton), y no pensamos dos veces, matamos la oveja, cogemos leña, hicimos un fuego y de ahí ha venido me mayor decepción con la pareja esa.

En la hora de comer la carne, ellos que andaban con 4 alforjas cada uno, y un pequeño tráiler, no tenían sal. ¿Pero cómo andan con tanto peso y cosas y no tienen sal? Yo sí que tenía sal, y allí comemos parte de la oveja hablando mal de la empresa Italiana.

Armamos las tiendas una al lado de la otra y dormimos allí cerca de la carretera, en el medio de la nada. Despertamos temprano, hacia frio… les ofrecí comida pero recusaran, eran personas que les costaban mucho compartir. Salimos juntos y cuando encontramos un zorro muerto el chico se para y vá a sacar la cola del animal con un cucillo.

En ese tramo en el mapa había un punto que se llamaba Alto del Rio Senger, yo venía ansioso por llegar allí, porque tenía muy poca agua, fue la primera vez en el viaje que me preocupé por ese líquido tan precioso. Cuando llegamos a ese lugar como me imaginaba no era un pueblo, ni siquiera pequeño. Es simplemente una de las tantas referencias cartográficas de un territorio vacío: había una placa que indicaba el nombre de alguna estancia, había algunos hombres que arreglaban la carretera y una casa donde he conocido la Sra. Trulli. En el medio de la nada, hablé alemán con aquella señora - cuyo padres eran Alemanes - que vivía en tierras tan insólitas. Ella tenía cosas para vender, así que aproveché y compré 2 litros de jugo además de barras de cereales, la mujer muy amablemente nos llenó las botellas con agua. Los dos italianos apenas han dado las gracias.

Ese día fue como un partido de ajedrez, una jugada mal hecha y... toda la situación cambia. Los primeros 70 Km fueran estupendos, paramos en la entrada de un lugar – que no se veía – llamado Facundo. Allí cometí el equívoco de escuchar mi música relajante, comer, dormir por un largo tempo. Conscientemente quería seguir solo. Cuando por fin regresé a pedalear por las inmensas rectas llegué a la bifurcación de la ruta que conducía hasta la costa Atlántica a la ciudad de Comodoro Rivadavia.

A partir de aquí la ruta era cada vez peor y para complicar todo empezó a llover, el viento era tan fuerte que pensé muchas veces en parar, pero sabía que él frio me iba a congelar. Bajé inúmeras veces de la bici… no podía creer la inmensidad de las rectas, el cielo con nubes negras, el viento era algo TERRÍVEL… Los últimos 52 Km fueran un verdadero martirio. Me culpaba por haber parado para dormir junto con los italianos, a final esa no había sido mi idea. Ahora debía seguir hasta Rio Mayo, porque era imposible montar la tienda con aquel temporal, en el medio de cosa alguna.

Paré para poner sacos plásticos en las zapatillas, caminaba, pedaleaba cuando el viento dejaba, no pasaba un solo coche, el frio apretaba y cuando faltaba unos 20 km encuentro los italianos. Mentalmente ya venía cabreado por haber seguido sus ideas, pero bueno, junto seguimos esos últimos km, muy lentos, agotados por el cansancio y por el viento.

A la entrada de la ciudad se encuentra un gran campamento/alojamiento militar del Batallón de Ingenieros 9, del ejército Argentino. El italiano fue a preguntar se podía poner su tienda por allí, la respuesta fue negativa. Yo en vez hablé con otro militar que me indicó donde estaba el camping municipal. Por fin fue acompañado poruna jóven chica de la provincia de Jujuy, mientras andábamos ella me explicó que migró desde el lejano Norte para venir a cuidar del niño de su hermana, a cúal es casada con un militar, pero que allí hay muy poco que hacer, hay solamente un boliche (discoteca) y que la vida era aburrida. Yo acredité en seguida.

Río Mayo era otra población que el Gobierno Argentino "implementa" para poblar la Patagonia Argentina. Apenas se ver gente por las calles. Al llegar en el camping, ni argumento por el precio, me interesaba mismo era una ducha caliente. Los italianos tenían algún contacto allí y se fueran a pedir alojamiento a algún nativo.

A mí me molestaba ver como esa gente viajaba sin querer gastar un duro, sólo aprovechando de la buena voluntad de la gente. Unas cuantas veces les he dicho que ojala cuando ellos regresen a Italia aprendan a ser hospitaleros como lo eran las personas de Argentina.

El caso es que me duché con agua caliente, y aquello para mí no había precio. Estaba nuevamente sólo en el camping y luego me he tumbado dentro de la carpa, reposaba el cuerpo cansado después de largos y duros 145 Km. Minutos después salí de la carpa y me fue a deambular por las calles de ese lugar en el mundo, aislado del gran corredor turístico patagónico. La ciudad sigue sobreviviendo al aislamiento, al viento inagotable y a temperaturas que llegan hasta los 20 grados bajo cero en el invierno.

Una sola vez al año la ciudad "vibra" y es con la fiesta nacional de la esquila, evento que ha sido declarado de interés nacional (en 1985) y es el gran sello del pueblo. La fiesta se realiza en el mes de enero y dura 3 días. La economía gira en torno de los campesinos que cuidan de sus ganados ovinos.

Como no era enero la ciudad estaba desierta, y andando despacio he encontrado el Restaurante del Gordo – imaginen el tamaño del hombre… Allí he tenido la sorpresa de que podría comprar comida y pagar con tarjeta. Así que el señor siempre sentado, pide a su mujer mi plato y luego embala para que yo llevara. Mientras esperaba veía un partido de la Premier. Eso mismo, desde aquél lugar remoto la gente se anima con el campeonato inglés de futbol.

He recogido mi comida y me fue a mi "casa" comer tranquilo, escuchando el viento. Para dormir nada más que cerrar las pestañas y ya estaba soñando. Por la mañana he recorrido la ropa que había lavado y he recibido la visita de la pareja de Italianos. La chica tenía una cara de sufrimiento que me daba pena. Fuimos juntos a un tienda comprar comida, y durante todo el tiempo que hemos estado juntos tentaban me convencer para seguir con ellos el día después, pero ya estaba decidido que me gustaría seguir mi camino sólo. Raro, pues yo antes me "quejaba" de la soledad, y luego estaba claro que me gustaría seguir solo antes que con la jóven pareja.

Así que me fue al ciber del pueblo, recargue un poco la batería de mi aparato de música, comí nuevamente en el Gordo, y lentamente arreglé las alforjas y salí del pueblo. No podría ser diferente porque el viento era algo absurdo. Luego en la salida me he caído de la bici por cuenta del viento. Rio Mayo está enclavado en un valle así que para salí de allí tenía que subir una cuesta de ripio. Era imposible un ser humano subir aquella cuesta tan graduada con aquél viento. Así que subí a duras penas durante muchos minutos, empurando la bici por el díficil camino de rípio. Durante ese tiempo paso un coche, también subiendo, y he tenido la percepción que los dos que venían en coche me miraran con pena.

Cuando llego en la cima, me monto en la bici y el viento me dar por la espalda, que alegría, aún teniendo que esquivar una que otra piedra grande, seguía a una buena velocidad, pero… llegó prontamente la curva y todo cambió. Seguía a duras penas por la carretera ancha, el camino era espantoso. Se supone que es de ripio, pero es mentira: en realidad cada metro de carretera ha sido como bombardeado una hora antes que uno llegue y la cantidad de piedras, y sus tamaños impresionaban. Con ripio suelto, piedras grandes, arena y claro el viento en contra que me frenaba he tenido que bajar varias veces para empurar la bici, he tenido unas cuantas quedas, y poco avanzaba.

Mi cuerpo estaba cansado, mis dos tobillos sangraban, pasaban las horas y el cuenta kilómetros no avanzaba, el viento enseñaba su peor cara. Una tristeza (o un desespero) tomó cuenta de toda mi persona. Cambiaba de un lado al otro la carretera, intentando encontrar un lugar menos mal para poder avanzar, pero nada. Eso sí, quien he encontrado fue el señor que en Gobernador Costa me regalo el espejo retrovisor. Pasó lentamente por mí y paro más adelante, me saludó juntamente con su esposa y su nieto, pensé en seguir con ellos pero no había espacio en el coche. Así que nos despedimos y seguí mi martirio.

El ripio no tenía fin, comía cacahuetes, cereales, plátano, pero no conseguía avanzar, después de más una queda resolví ir andando, y claro, avanzaba más despacio todavía. Apenas pasaba coches por aquél catastrófico camino. Pero en un momento dado pasa un coche grande y levanto el dedo. El señor paró y sin pensar más, puse la bici arriba y seguí en auto-stop.

En verdad sentía tristeza pues quería hacer el camino pedaleando, pero a la vez agradecí de haber salido de aquella situación, veía mis tobillos que sangraban y por fin me conformé de seguir el camino en el coche. Por otro lado veía que la bici sufría junto conmigo, el camino la destrozaba poco a poco y constantemente.

El camino era una ruina también para los coches, paramos una vez para sacar una piedra encrestada en la rueda, allí parados hemos hablado, él señor muy simpático y feliz de hablar sobre Brasil, luego me dijo que si quisiera me llevaría hasta Perito Moreno[1], que era mi destino. Hesité algún instante y luego acepté. En pocas horas salí de una pesadilla y llegué a la entrada del pueblo (debo decir que otro motivo por el cual he aceptado ir en el coche es que así tenía avanzado una etapa y me desencontraría seguramente de los italianos).

Por fin cuando llegué al camping de Perito Moreno, he encontrado más personas, estaba feliz por llegar y ver más viajeros. He buscado un lugar bonito donde poner la carpa, y luego a la ducha y currar las

____

1Francisco Pascasio Moreno, más conocido como Perito Moreno, fue uno de los responsables en la demarcación de fronteras de la Patagonia con el país vecino, Chile, hizo varios viajes a la región, el primero en 1873. Sus viajes significaron descubrimientos geográficos de transcendencia, permitiéndole conocer muy bien, el suelo austral argentino y encarar, la defensa de los derechos de Argentina, en la controversia de límites con Chile. Los datos que aportó abrieron nuevos horizontes a la antropología sudamericana y posibilitó que varios científicos europeos se abocaran a estudiar las razas originarias de América del Sur. Por todo su esfuerzo y trabajo en defensa de los derechos territoriales argentino el nombre de Perito Moreno es recordado en la toponimia argentina, como el bellísimo glaciar, diversas calles en cualquier pueblo de Argentina, un parque natural y por supuesto un pueblo.

heridas que tenía en las piernas. Un breve reposo y fue a mirar con más cuidado la bici que tanto sufrió los últimos días. La cubierta trasera estaba muy pero que muy desgastada.

En el camping había una cocina y allí hice mis comidas, que por cierto, la comida en el supermercado era más cara que en Europa. Todo debía ser transportado desde muy lejos y eso hacía incrementar el precio. En el medio de toda la gente que estaba en el camping, había muchos hombres del Norte, concretamente de Salta.

Eran inmigrantes en busca de trabajo, supuestamente se iba a abrir una mina en las proximidades de allí, y estaban esperando alguna llamada de la empresa contratante. Es decir no eran viajeros, y cuando uno miraba con detenimiento percibía que aquellos señores y jóvenes tenían otra mirada, otro comportamiento. Pasaban todo el día deambulando de un lado a otro, muchos pasaran la tarde del domingo bebiendo en la cocina. Hablé con algunos un buen rato, viajaban de un lado a otro del país en busca de un trabajo… yo que viajaba por placer me sentí triste por ver a ellos buscando un trabajo en condiciones tan adversas.

El sábado por la noche me fue al "Festival Cueva de las Manos" en homenaje al yacimiento arqueológico que se encuentra cerca de la ciudad. Allí he encontré la gente local, muy felices bailando sus bailes tradicionales, fácil también fue percibir el orgullo de la gente por pertenecer a la región de Santa Cruz. La fiesta iba hasta las 5:00 de la mañana, pero me cuerpo cansado me llevó al camping a las 00:30.

Día siguiente fu visitar la iglesia del pueblo y el cura me regaló un librito de oraciones y ese fue el único libro que he llevado en el viaje. La tarde fue de descanso al lado de una laguna, escuchando música, haciendo estiramientos y... pensando. Por fin he cambiado la cubierta trasera para delante pues estaba demasiada desgastada, lavé ropa, limpie toda la bici, hablé con una familia chilena, que luego me advirtieron que mis planes eran buenos pero que la ruta que iba hacer era muy dura. Eso ya lo sabía, lo que tenía que hacer era cuidar al mínimo los detalles para enfrentar el desafío. Y así desperté dispuesto a salir el lunes, pero a las 9:00 de la mañana nada estaba abierto. Así que regresé al camping, me hice un café y esperé la hora pasar lentamente.

A las 10:00 fue a una cooperativa a consultar mails, pero la señora responsable, después de 35 minutos de espera no venía, así que me fue en busca de la tienda de bicicletas y aquí más una prueba de paciencia. La primera señora me manda para la gasolinera en la salida del pueblo. Allí no era. El chico de la frutería me manda por una calle y encuentro una que estaba cerrada. Regreso a la cooperativa y la funcionaria todavía no había llegado, ya con menos paciencia me fue a otro ciber (dos veces más caro). Después de 30 minutos voy a la tienda de bicis, y por las calles todas parecidas, me pierdo y otro señor me indica una nueva tienda, que también estaba cerrada.

Regresé a la primera tienda y un señor me abre la puerta. Me lleva a un patio lleno de piezas viejas de bici y después de unos cuantos minutos encontramos lo que quería: un hierro para proteger los cambios. Las cubiertas que él tenía eran todas viejas así que debería ir a la otra tienda comprar la cubierta. Quise pagar por el pedazo de hierro pero el señor acabó por regalarme.

En la otra tienda, todo estaba cerrado, yo pensaba: "¿cómo es posible que un lunes a las 11:30 una tienda esté cerrada?" Inconforme he hablado con los vecinos y me dicen que el chico abre a partir de las 13:00 horas. Así que fue al supermercado compré unos tuppers para poner la comida más ordenada en las alforjas. Regresé al camping y hice mucha comida, así llevaría la cena lista conmigo.

Por fin a las 14 y algo salgo del camping y en la tienda encuentro a Andrés, un chico joven aficionado por bicis (que trabaja en una gasolinera, por eso solo abre a las 13 el taller). Presenté el problema que tenía, que era proteger los cambios del ripio. Él mira la chapa de hierro y muy profesionalmente corta y fura de manera que consigue poner perfectamente la protección. Le compro una cubierta nueva y salgo de Perito Moreno a las 15:00.

Al principio pensaba en cruzar a Chile aquél mismo día, pero me fue imposible. Hice arduamente 63 Km, siempre con viento en contra y teniendo que bajar de la bici varias veces. Al final llegué en Los Antiguos, ya era noche, el cuenta kilómetros decía que avancé a nada más que 9 Km por hora.

Me fue a un camping muy bonito y ordenado al lado del Lago Buenos Aires[2]. Después de una buena

---

2 El lago Buenos Aires/General Carrera se ubica en la Patagonia y es compartido por Argentina y Chile. A cada lado de la frontera tiene nombres diferentes, ambos reconocidos a nivel internacional: en Argentina es conocido como lago Buenos Aires, mientras que en Chile se le denomina lago General Carrera, oficialmente desde 1959. Su nombre original en idioma tehuelche era

ducha, cogí la comida que ya estaba lista – pasta – y me fue al lago, acompañado de una luna llena allí he tenido la satisfación de admirar todo lo que estaba a mí alrededor. Para colmo durante la noche no había viento.

Desperté y he tenido mucho trabajo en cambiar las cubiertas, me impresionaba ver como había desgastado toda una cubierta y también me sentía feliz porque era señal de que había rodado muchos Kilómetros. Fue por el pueblo en busca de comprar dos cámaras de aire. Y otra vez encontré una tienda que no tenía hora para abrir… esperé, esperé… hasta que he tomado la decisión de ir a un taller, allí el señor me puso el parche que necesitaba. También he comprado un gorro porque misteriosamente había perdido el que tenia.

Chelenko, que quiere decir «lago de las tempestades».

Este lago tiene una superficie de 1850 km², de los cuales 978,12 km² están en la chilena Región de Aysén del General Carlos Ibáñez del Campo, y los restantes 880 km² pertenecen a la provincia argentina de Santa Cruz, que lo convierten en el mayor lago del territorio chileno, y el cuarto de la Argentina. Además, considerado en conjunto, es el cuarto de América del Sur, tras el lago de Maracaibo, en Venezuela, el lago Titicaca, compartido por Bolivia y Perú, y el lago Poopó, en Bolivia.

Cápitulo V
¡En la Patagonia quién se apura pierde tiempo!

Yo tenía total consciencia de que iba a entrar en una ruta muy dura, la famosa y tan amada Carretera Austral, así que fue me previniendo para la aventura. Pedaleé 5 Km hasta que carimbé el pasaporte, saliendo de Argentina, más 5 Km en "tierra de nadie" y otro carimbo, entraba por primera vez en Chile. Una "autoridad" que controlaba la entrada de vehículos me hizo comer las dos manzanas que traía – no se puede entrar nada de frutas o verduras de un país a otro.

Mis primeros Km en Chile fueran acompañados con una tímida lluvia. Luego llegué en Chile Chico, un pueblo con casi 4.000 habitantes cuya economía es centrada en la agricultura, ganadería y el turismo. Así que me fue a la información turística y allí conocí a Beatriz, que me regaló varios mapas de la región, he cogido solamente uno que me parecía útil para las próximas etapas. Ella me indicó donde estaba el único banco del pueblo, pues necesitaba Pesos Chilenos.

Cuando voy al banco tengo la sorpresa de que el cajero automático sólo trabaja a partir de las 16:00. En los últimos días estaba viviendo la realidad de un dicho expandido por toda la región de Sur del mundo:

"¡En la Patagonia quién se apura pierde tiempo!"

No tenía nada de dinero chileno, y hablando con la gente, conseguí cambiar 100 pesos argentinos por 10.000 pesos chilenos. Fue a un pequeño supermercado y luego se fueran 2.000 pesos con jugo y barras de cereales (todas marcas chilenas que no conocía). Me fue nuevamente a la información turística aún un poco incrédulo que debería esperar horas hasta conseguir dinero del cajero.

Dentro de la información turística dejé la bici y fue con Beatriz a comer en el restaurante de su madre. Yo llevaba mi comida ya lista en un tupper. Me hablaba de su vida en Santiago, y una historia que se repite lamentablemente en cualquier parte del mundo… un matrimonio deshecho por los celos de un hombre. Sus 3 hijos estaban de vacaciones en la capital con el padre. Ella regresó de Santiago para re empezar la vida en su pequeño pueblo y estaba feliz con el cambio, aunque al inicio no ha sido fácil vivir como "divorciada" en el pueblo.

Así en buena compañía se pasó las horas y por fin conseguí sacar dinero para seguir viaje, confieso que me gustó la compañía de la señora y como ya era más de 16:00 pensé en dormir aquella noche en el camping del pueblo. Cuando salía de la información turística he conocido un ciclista chileno que iba hacer la misma ruta sólo que partiría el día siguiente, me convidó para ir al camping, pero no, la aventura mi llamaba o mejor, me GRITABA, y yo la seguí.

Sinfonia de pájaros por la mítica Carretera Austral

El lago Buenos Aires aquí cambia de nombre y se llama General Carreras, una belleza hipnotizante cuando se lo contempla. Lamentablemente la carretera no bordea por completo el lago, para salir de Chile Chico se pedalea poco, la única opción es bajar de la bici y subir una montaña empujandolá. El camino es de ripio rocoso y de calaminas – esa fue una palabra nueva que aprendí hablando con la gente en Chile Chico. Calaminas son ondulaciones que se hacen en el camino producto del viento. Por la carretera austral había mucha calamina que hace rebotar la bici y hace tremer todo el cuerpo, la bici pierde adherencia y dificulta enormemente la conducción.

Por el camino tortuoso encuentro la Laguna Verde, es algo asombroso que en el medio de un lugar con tanta escasez de vida vegetal y animal, con una topografía tan inusual – propia de un cráter – si pueda encontrar una laguna con una belleza tan extraña. Imposible no parar para contemplar aquél sitio.

De vuelta al camino, la concentración para bajar las montañas era total, uno se siente como esos pilotos de rally que van todos concentrados, calculando en milímetros sus movimientos. El mínimo fallo sea una piedra que tumbe la bici, un giro brusco o un despiste en la mirada te cales, y se cales por la izquierda dejas la piel por el camino, se cales por la derecha peor todavía, abismo.

Confieso que en ese día era más que recomendable utilizar un casco, y el mío pues estaba en Salamanca, así que seguí cuidadosamente sobretodo en las bajadas, máxima concentración. Por tanta atención ni me di cuenta de cómo la hora pasaba y de cómo hacia frio, solo percibí el frio en un momento en que fue a tomar agua y estaba heladísima, eran casi las 21:00 horas.

En una de esas subidas durísimas encuentro tres chicos, con una bandera chilena, haciendo auto-stop. Mi bajé de la bici y al final de una breve conversación ya estábamos montando las tiendas en el medio de la montaña. Luego vi que fue una bendición parar allí, pues el precinto que sostenía una alforja estaba roto. Eso significaba que en la próxima bajada, con la velocidad y la trepidación de la bici, era muy probable que se volara la alforja, y si eso aconteciera… pues con el cambio del centro de gravedad de la bici tan brusco hace uno perder el equilibrio. A 40 o 45 Km por hora en una bajada, sería muy probable que me fuera a caer. Así que he repuesto el precinto y aproveche para revisar todos los tornillos, era mi primero día de pedaleo en Chile, ya estaba avisado de la dificultad del camino y también de que era muy poco transitado.

Una linda e inmensa luna llena nos brindaba una cena allí en el medio de la nada. Tenía casi todas mis ropas puestas, pero aun así no soportaba el frío, fue cuando uno de ellos me dejó un poncho.

En el medio de nuestra situación de viajeros y de nuestra conversación uno se dar cuenta de cómo funciona el mundo que vivimos. Los chicos, todos estudiantes universitarios, me contaban que después que si terminan los estudios, han que buscar trabajo, y que en Chile tienen nada más que quince días de vacaciones por año, en los primeros cinco años de trabajo.

Pensé que cruel era tener solamente dos semanas de vacaciones después de tanto estudiar; más adelante pensé en la cantidad de seres humanos que no sabe ni mismo que es la palabra vacaciones… Me sentí un afortunado en aquel momento.

Cuando desperté en la mañana siguiente los tres chicos ya estaban en la carretera intentando hacer auto-stop. El malo es que apenas pasan vehículos por aquella carretera. En el día anterior un coche les ha traído desde

Chile Chico hasta aquel punto que era la entrada de alguna mina, pero despúes han estado todo el día literalmente tirados en la carretera.

Nos despedimos ya sabiendo que íbamos a reencontrarnos próximamente. Seguí mi camino, siempre muy concentrado, consciente que cualquier equívoco podría ser el final del viaje. Hice muchas fotos por el camino, pues el paisaje que brinda el Lago General Carreras es impresionante. El lago da un brillo a aquella región, hay también muchas montañas nevadas por el camino. La nota negativa es… pues el ripio y las calaminas, muchas veces he tenido que bajar para empujar la bici por las montañas ya que era imposible pedalear. Y ese día llegué a un lugar llamado Mallín Grande.

De grande solo en el nombre, pues según me han dicho allí vive menos de 200 habitantes. No había camping, así que puse mi tienda donde me han dicho, al lado de la carretera, y podría usar el baño del puesto de salud. Intenté conseguir una ducha pero nada. Así que a relajar la musculatura, y preparar comida. Aparecen más dos Argentinos haciendo auto-stop y con ellos he cenado. Luego una pareja inglesa en moto que buscaban alojamiento, y tubieran la sorpresa que no habia hostales allí así que montaran la carpa en el mismo sitio que nosotros, al lado de la carretera.

He despertado con la alegría de los argentinos que conseguirán un auto-stop para regresar a Los Antiguos. Luego fue reordenando mis cosas y percibí que me faltaba un tupper con dos huevos cocidos y mi sal, busqué por todos los lados y al final… nada. Me fue a la tienda de la villa y me tomé café, compré pan y desayuné en la acera.

Salí a las 9:45 y después de 2 km vi que había perdido el audífono. ¿Regreso o no? Pues no. Pasé muchos minutos mi lamentando por la pérdida del audífono, pero luego fueran apareciendo las primeras cumbres nevadas, el lago General Carreras y fue me alegrando, el camino ya no era tan duro cuanto los dos días anteriores.

Después de 32 Km llegué en Puerto Guadal, entré en el pueblo porque ya venía recomendado por el señor de Mallín Grande, donde debería comprar más comida y bebida (hacia así para no tener que cargar con peso desnecesario). Y por el pueblo encuentro los tres chilenos con los cuales compartí cena dos noches antes. Estaban con más dos amigos, uno era un evangelizador católico que siempre andaba con una biblia. A final comí con ellos en la casa del cura del pueblo. Y para mi sorpresa y alegría en el "supermercado" del pueblo conseguí comprar otros audífonos, además de mis provisiones. En esa parada también conocí a un brasileño de 60 años, llamado Nelson, venia con una buena bici y cuatro alforjas desde Ushuaia, una vitalidad... cambiamos algunas impresiones por el camino y luego partí, ya sabiendo que iba encontrar a los cinco chilenos en Cochrane, pues era la fiesta del pueblo y ellos viajarían a dedo hasta allá.

Tenía que hacer solo más 26 Km para llegar en Puerto Bertrand, hacía buen tiempo, estaba feliz a pesar de todo el esfuerzo que venía haciendo en el camino. Muchas veces pensaba que malo era estar allí, pues tenía ganas de pedalear pero lo que hacía realmente era "patalear" montañas arriba, y después fuerza en las muñecas para controlar la bici en las bajadas.

Puedo decir que lo que mantiene la cohesión de la iniciativa de un viaje solitario en bicicleta es la confianza absoluta en uno mismo, lo que no representa ninguna garantía desde el punto de vista de una mayor seguridad en una ruta peligrosa como la carretera austral. En dos momentos de bajadas en ese día, sentí que esa cohesión se desintegraba al perder el control de la bici. En cada momento de esos, paraba, respiraba profondo, tomaba agua y me prometía que tendría más cuidado.

Puerto Bertrand se encuentra enclavado después de una grande bajada y está en la ribera oriental del Lago Bertrand, que recibe sus aguas del Lago General Carreras, pocos kms más adelante dan origen al caudaloso Rio Baker. Fue al camping pero la mujer me cobró un precio absurdo, luego quería bajar el precio pero al final me fue a un camping abierto y gratuito, donde ya había una tienda. Monté la mía y fue directo a bañar me en el lago, mi primer baño en Chile.

Mientras estaba revisando la bici, han venido dos chilenos con muchas ganas de hablar. André y Nicola son de Santiago e iban hasta Cochrane. Pasamos un buen tiempo hablando hasta que fue a una pequeña tienda comprar algo de comida, los precios altísimos. Por la noche hemos encendido mi hornillo y cenamos dos truchas que Nicolas había pescado. Quedamos que nos veíamos el otro día para seguir juntos.

Por la mañana veo que algún perro había revuelto mis cosas y había llevado mi queso, salami, pan y el poco de azúcar que tenia. Apenas encontré el botellín de aceite tirado por un camino. Así que fue nuevamente a una tienda pequeñita a comprar pan, algo de salami, atún...

mientras estaba esperando ser atendido veía como la señora de la tienda hablaba con otro cliente sobre sus penas. "Dá igual en qué punto del mundo estás la gente tiene sus penas, sus quejas...", pensé yo.

André y Nicola ya mi estaban esperando para salí. Por los pocos Kms que era su viaje estaban con mucho peso y mal equipados. Uno estaba pedaleando con jeans, el otro tenia calor por cuenta del sudor que se quedaba retenido en sus prendas, luego abría el abrigo y le entraba frio. Al ver la situación le he dejado una de mis prendas térmicas, y he visto como realmente es importante tener ropas adecuadas, para un viaje así.

Pensábamos que íbamos a cocinar juntos al medio día pero como ya previa no fue así. Cuando llegamos en la confluencia de los ríos Neef y Backer, los dos se han quedado, y yo seguí pedaleando por los valles, hasta que desde la cima de una montaña he visto que fuerza tenía el rio. Posteriormente me han dicho que era el río más caudaloso de Chile. El día estaba nublado, tenia recelo de que cayera mucha lluvia, pero era solo una lluvia fina. Pasé por tres pasos de montañas altísimos, la impresión era que iba en dirección a las nubes, algo asombroso.

En uno descanso con una vista esplendida a la naturaleza, si acercó un señor que venía en auto con su familia a preguntar por mí viaje, se sorprendía con todo lo que yo le contaba. Yo me sentía pleno, feliz con mi pan y con mi queso contemplando tanta harmonia. Subí a la bici decidido de arrematar los últimos km para llegar por fin en Cochrane, que es la "ciudad" de aquella región. Por el camino pasa por mí un coche de la policía, me pita. Cuando veo, era la bici de André que estaba atrás. Él ha tenido que frenar la bici con una pierna (por culpa de un auto que venía a alta velocidad) y a causa de eso tenía problemas, y no consiguió pedalear hasta el final.

La llegada en Cochrane es después de una buena bajada y debo decir que es un alivio entrar en esos pueblos no solo por la llegada en sí pero también porque allí hay algo de calles pavimentadas. Es un alivio que solo puede entender quien ha pedaleado tanto tiempo en el ripio, uno piensa: "¿Cómo puede esa gente vivir todo el tiempo con tanto polvo, piedra, calamina?"

En el pueblo que tiene unos 4.000 habitantes, fue a la plaza central y encontré a André, le ha dado un paracetamol pues tenía muchos dolores en la pierna. Fuimos a la información turística y luego al camping, allí re-encontré los chilenos que venían haciendo auto-stop desde Chile Chico, habían llegado poco antes que yo en la bici. André pre-ocupado por Nicolas que no llegaba... Yo por andar sólo ya no sabía lo que era eso de preocuparme. Fuimos a comprar comida en un supermercado, hasta que horas después llegó Nicolas.

Como había cajero automático he sacado dinero para el restante del viaje por la carretera Austral, esa era la última oportunidad pues más adelante no hay bancos. Cuando fue pagar la carne que me costaba 3.000 pesos, he dado 30.000 al señor que muy honesto me devuelve el dinero y me dijo que tuviera cuidado porque alguien podría engañarme, pero no, luego me puse a "estudiar" todos los billetes y monedas de Chile para no cometer ese fallo.

En el camping había mucha gente, sobretodo de Santiago, que venían para la Fiesta Costumbrista. Un evento artístico cultural que reúne una gran muestra de actividades del mundo campesino como: la esquila, ordeña, marcación de animales, apialaduras (habilidades con el lazo) y más cosas que no pude entender.

Aunque el pueblo estaba de fiesta uno no se olvida que está viajando en bici, así que en medio de tanta fiesta, he mandado lavar toda mi ropa, he revisado toda la bici y sobretodo hablé con más ciclistas que venían de Ushuaia. Conocí una pareja de franceses (Olivier y Elsa), que estaban viajando a casi tres años por el mundo, increíble. Con ellos mi he re- encontrado por el camino más veces, en la fiesta también encontré más una pareja de franceses que estaban a muchos meses pedaleando. Hemos estado todos juntos con André y Nicolas, saboreando un típico asado de la región, regado de muy buena conversación, y es bueno ver y saber cómo nos entendemos (los ciclistas) cuando nos quejamos del ripio y de estar empurando la bici por altas montañas.

A la mañana siguiente fue a ver el torneo de fútbol y luego el desfile de los colonos por las calles del pueblo, más tarde he tenido una discusión con un señor responsable del marketing de la empresa Hidro Aysen. Durante todo el camino de ripio que he venido haciendo por Chile hay publicidad de esa empresa que tiene un proyecto de construir una hidreletrica en la región. Pues bien, en el recinto ferial había una caseta explicando todo el proyecto que a mi punto de vista hay un fuerte impacto ambiental. Cuando el señor me dijo que eso sería construido con dinero de empresas italianas y españolas, le he dicho claramente que ningún europeo invierte dinero pensando en los beneficios de la naturaleza o de la población local, y que me parecía muy mal que en pleno

2012 los propios chilenos están vendiendo lo que no tiene precio a empresas extranjeras.

La fiesta seguía y yo tenía consciencia de que estaba cada vez más cerca del fin del mundo, tenía consciencia de que los próximos días serían los más duros del viaje, así que mi preparé psicológicamente para lo que venía.

El domingo me voy del camping con la comida ya preparada para la jornada, hacia sol y me mentalizaba para el regreso al rípio. Cuando salía del pueblo he visto que faltaba un tornillo en la junción del puerta bultos con caño del sillín. No podía de ninguna manera entrar en la trepidación del ripio y de la calamina, sin la estabilidad del puerta bultos. Voy en busca del tornillo y por suerte encontré en una tienda.

Allí mismo puse el tornillo y salí despacito. Iba con cuidado pues sabía que la bici sufría con la ruta, aún así rompí nuevamente el porta bultos, ahora fueran dos puntos de suelda. Encontré la pareja de franceses - que venía viajando desde Quito, Ecuador. Y Olivier arregló el problema con silver tape. Detalle: esa fue la primera vez desde que empecé a pedalear que he sacado las alforjas. Le agradecí enormemente la idea y la ayuda.

Después de comer y relajar un poco, salí y crucé nuevamente con ellos, nos han dicho que había un camping en el Km 75. Pero yo no he visto el camping y seguí a un buen ritmo. El camino no era tan malo, había muchas bajadas donde corría buena velocidad, el sol me acompañaba, así que seguí pedaleando, mientras comía cacahuetes, huevos cocidos y galletas.

Después de 105 Km he decidido parar al lado del río, encontré una área descampada y allí "monté" la tienda. El terreno era pedregoso, así que no tenía otra manera que poner piedras para "sostener" la tienda. El entorno era salvaje, estaba totalmente metido en el medio de la naturaleza, apesar de no poder duchar todo aquillo me hacia muy feliz. Por la noche escuchaba una sinfonía de pájaros... dormí feliz.

El lunes salí sabiendo que me faltaba pocos km (unos 40) para llegar en un rincón especial, que tanto había leido y soñado en conocer, Caleta Tortel. Su situación geográfica es muy especial: está ubicada entre dos campos de hielo, en una zona de archipiélagos, canales y estuarios, entre escarpadas montañas y junto a la desembocadura del río Baker, que como ya he dicho es el más caudaloso de Chile. El río puede transformarse en un verdadero torrente debido a que esa es en una de las regiones más lluviosas del mundo: pueden caer unos 4000 milímetros anuales. Por eso Caleta Tortel se encuentra elevada y a prueba de cualquier contratiempo ante las abundantes lluvias.

La estructura urbana del pueblo es muy particular. No existen vehículos que puedan desplazarse entre sus casas, porque la ciudad se encuentra elevada y comunicada por un sistema de pasarelas de madera (ciprés) que comunican todos los puntos del pueblo. Las pasarelas oficial de calles y conforman una red de más de siete kilómetros de extensión. Tortel fue fundada en 1955, y hasta el 2003, sólo era posible acceder por agua. Actualmente un camino comunica a Caleta Tortel por tierra con el resto del país.

Para mí fue todo un encanto aproximarme y luego llegar a ese lugar, donde habitan nada más que aproximadamente 400 personas. Llegué hasta el "parking del pueblo". Allí había algunos turistas con la esperanza de salir, pero no tenían seguridad de que habría algún medio de transporte. Busqué la información turística pero estaba cerrada, así que dejé la bici allí y fue entrando por las pasarelas... hasta que encontré el hostal Gisele.

Regresé para recoger la bici y luego mi instalé allí, mis anfitriones eran Maria y Coteto, una pareja que están casados a 30 años. Sin duda una sola noche era poca aquí, el día siguiente motivado por navegar por los fiordos me fue en el barco El Glaciar, con Coteto y otro joven nativo, a recoger leña en una floresta. Hemos estado 4 horas cortando leña y que trabajo... Si uno si despista la máquina te corta parte del cuerpo, o un tronco puede llevarte por delante, o caer en el medio de la floresta... de repente he visto que aquello era más peligroso que andar en bici por la Patagonia (ellos decían que no).

Regresamos con el barco lleno de leña. María se puso contenta cuando vío toda la leña que traíamos. Luego me hizo conocer a Profilio, su cuñado. Ese señor vive dentro de su propio barco, Santa Fé. He estado charlando con él (que trabaja haciendo excursiones con turistas) y conoce muy bien la geografía de aquel lugar, me hablaba de sus viajes a los campos de hielos y a los glaciares... Me dijo que tenía un proyecto para construir un barco sólo para transportar turistas por los fiordos. A principio sentí admiración por aquel hombre, delgado, de barba, que me acogía con tanta amabilidad en su casa/barco.

Horas después mientras hablaba con María, ella me comenta que su hermana ha puesto Profilio para fuera de casa, pues él tenía problemas con el alcohol. Tienen 5 hijos y ahora estaba empezando a mejorar, y ojalá que cuando el reciba una copia de ese libro esté feliz.

Por la tarde mientras iba arreglando las alforjas una mala sorpresa, creo yo que un perro se llevó mis herramientas, encontré mi taza y el bombín tirados por las escaleras, hemos buscado el juego de herramientas pero no encontramos por ninguna parte. Me puse triste, no sólo porque eran muy buenas, sino porque enfrentaría las etapas más aisladas del viaje sin herramientas.

Por la noche cocinamos juntos, unas patatas con pollo. Ellos contaban como era dura la vida allí, que antes sólo viajaban por barco, ya que no había otra salida. Eran épocas muy dificil ya que estaban aislados del mundo. Ahora viven muy bien, su negócio funciona de maravilla, no faltaba gente que venía buscando habitaciones, tocaban su puerta para comprar helado, que ella mismo hace, y también tabaco.

El miércoles aún insistí inocentemente en buscar mis herramientas (Coleto y Maria también se empeñaran en ayudarme) pero no encontré. Recogí mis cosas y he ido en una van hacia Caleta Yungay, el camino era montañoso cortaba una floresta. Mientras esperaba la barca que atraviesa a los pocos coches que allí circulan, he conocido una chica alemana que también viajaba en bici, desde Ushuaia dirección Norte. Compré algunos dulces y luego estaba atravesando el lago, en la barca hablaba con algunos nativos, gente de mirada serena, sin prisas y habla mansa. En menos de una hora ya estábamos en Rio Bravo, nada más que un punto del mapa chileno

Cuando desembarcamos encuentro más tres ciclistas Italianos, ya mayores y con una alegría... la pena era que deberían embarcar inmediatamente así que hablamos muy poco. Rafael, el conductor de la van, cuando se interó que había "perdido" mis herramientas me regaló una llave de boca pequeña, por si acaso yo pinchase.

Puse la rueda delantera, ajusté el sillín y salí en dirección Villa O'Higgins. Un camino solitario, durante todo el día me han cruzado cuatro coches. Iba apreciando la riqueza de la región, habia agua por todos los lados, como es "verano" hay deshielo en la cumbres de los ventisqueros y se forman inmensas cascadas con agua pura. No cargaba nada de agua, apenas me aproximaba de las cascadas o de las rocas y tomaba agua fresca.

Crucé tres pasos montañosos que me consumieran mucha energía. Me sentía conectado con las nubes... y seguí sin descansar, ya que no llovía aproveché para seguir pedaleando, paré para comer los bocatas qua había preparado, además venia comiendo plátanos y tomando sumo de piña y agua fresca.

Por el camino iba haciendo oraciones, para que no pasara nada con la bici, porque estaba simplemente sólo, en el medio de aquella belleza y riqueza. Esa no era la primera vez que pasaba por momentos difíciles y llegué a la conclusión que a medida que el viaje avanza te acostumbras al riesgo, a contemplar de cerca la importancia de tus acciones (inclusive para que sigas viviendo), por fin aprendes a confiar en tu propio autocontrol.

Con muchos pensamientos he llegado a Villa O´Higgins después de 98 Km. En la entrada del pueblo encontré a Olivier y Elsa, fue a su encuentro, tenían roto el cuadro de su bici (era una "tándem"), pero ya tenían ideas de cómo arreglar. Elsa mi dijo que no había más billetes para cruzar el Lago, y me apresuré. Antes mismo de ir al camping fue en busca de la empresa que vendía los billetes.

Entré en la tienda decidido a comprar el billete, del contrario tendría que esperar más dos días en aquél lugar tan desolado. Había una pareja joven y una niña que jugaba con una muñeca. Me aproximé despacio a la mujer y cuando ella me dijo que no había billete, me arrodille y le conté un cuento:

"Vengo con retraso, viajando en bici desde Bariloche, mi novia me está esperando en El Calafate, si no llegó allí pronto, a lo mejor no tengo más novia."

La mujer miró al hombre y luego después de observar mejor el ordenador mi hicieran "el favor" de vender el billete para el día siguiente. Salí agradecido y aliviado de saber que me iba de aquel lugar, donde acaba de llegar.

Me fue al camping y después de una buena ducha, me dirigí a la cocina, tenía un hambre... Desde Puerto Bertrand vengo sin gas de cocinar (menos peso). Caminé hacia la tienda, la gente allí no mi pareció para nada simpática, pero claro, ¿Quién elige a vivir en un lugar tan aislado como aquello? Hay pocas casas, mucha montaña, frío, algunas grúas y poco más. Esa noche he cocinado pasta con una salsa de tomate y chorizo (se vende congelado) y he tenido la proeza de comer toda la huella.

Pedí a la dueña del camping que me despertara pues no tenía alarma, y el día siguiente me levanté a las 6:30 de la mañana. Sería un día más largo de lo que mi imaginaba…

Capítulo VI
El lloro de la bicicleta

Cuarta Etapa

Mi desayuno fueran los 7 Km hasta el puerto de donde salía el barco. Me acuerdo que el camino era muy bonito, bordeando el lago (que se llama O´Higgins). El barco era pequeño había sobretodo turistas que iban a ver el glaciar que se llama (también) O´Higgins[3].

Ya en el barco encuentro las dos parejas francesas, con sus bicis. Hablamos un buen tiempo… Olivier y Elsa no consiguieran soldar la bici, así que pusieran abrazaderas para sostener el cuadro hasta que encuentren donde soldar la bici. Los dos iban a ver el glaciar junto con los demás en el barco. En Candelario Mancilla bajamos la pareja francesa (que venían en bici desde Quito) y yo.

Allí no es nada más que un paso fronterizo y un camping al lado del lago que no había nadie, me llamó la atención que cuando entré para sellar el pasaporte, había una exaltación a los hombres que sufren por la soledad "por el bien y el amor a la patria."

Seguí empurando la bici por el difícil camino cuesta arriba, fueran horas y horas teniendo que empurar la bici, o cargar en los hombros, había troncos por el medio, ríos, fosas… todo tipo de obstáculo que puede haber dentro de una floresta.

Me ha cruzado apenas una patrulla de la policía chilena que pasaba con una moto de cuatro ruedas. Lo

---

[3]Bernardo O´Higgins es considerado como uno de los padres de la patria chilena y uno de los libertadores de la America del Sur.

demás era esfuerzo, sudor y también sangre. Mientras empuraba la bici, lesioné mis dos tobillos.

Después de 15 Km hay un letrero en el medio de la floresta que indica que se entra en la República Argentina. Ahora tendría más 7 km hasta llegar a la Laguna del Desierto. Por supuesto que cuando tenía la posibilidad de pedalear lo hacía ilusionado, pero uno de esos momentos he impactado con una piedra la rueda trasera, lo que provocó un "grito" de la bici.

A partir de ahí cuando pedaleaba de pie, veía que la rueda trasera pegaba con el cuadro de la bici haciendo un ruido feo, pasé a "sufrir" con la bici, la cadena se salía y se prendía entre la corona de piñones y me daba mucho trabajo sacarla. He pensado inocentemente que había descentrado la rueda con el impacto en la piedra. Más adelante vendría una mala sorpresa.

Después de mucho esfuerzo llego con los dos tobillos sangrando a la Laguna del Desierto, eran más o menos las 16:30. Allí además de sellaren mi pasaporte me han proporcionado agua oxigenada y algodón para curar me las heridas.

El lugar era paradisíaco con unos colores… una vista desde el famoso cerro Fritz Roy. Mientras comía mi pan con queso he entablado buena conversación con los Gendarmes que allí viven confinados. Dos de ellos eran del Norte de Argentina (Jujuy), el comandante estaba feliz porque se aproximaba su jubilación, a pesar de toda belleza que se veía sin duda aquél era un rincón muy solitario. Me dieran la posibilidad de acampar allí pero he decidido que tomaría el barco (turístico) que partiría en algunas horas.

Cuando llega el barco fue negociar el precio con el señor, un tipo muy simpático que luego me viene hablar de futbol. El gracioso de todo, es que había dos chicas que también esperaban el barco (una chilena y otra francesa), pues el señor simplemente llevó las chicas sin cobrarles nada, a mí pues… me cobro 100 pesos además de 20 por llevar la bici.

Es cierto que se podía hacer trecking y bordear todo el lago, pero yo ni pensé en volver a entrar en la floresta con la bici y tomé el barco que venía con turistas y saldría a las 18:30.

El paseo es algo maravilloso, se puede observar el glaciar Huemul además el barco hace una parada delante del salto del chorrillo, es algo hermoso todo lo que se contempla en ese lugar. Hoy podría decir que estaba demasiado metido en "mi viaje" con la bici, y que a lo mejor podría haber disfrutado más de todo aquello, o quizás podría tener una mejor postura mientras estaba en medio de los turistas.

Fueran casi una hora para travesar la laguna, y llegando al otro lado me quedaban 38 Km de ripio para llegar a El Chaltén, aunque tenía la opción de poder acampar allí decidí seguir pedaleando y tenía total consciencia de que debía pedalear por la noche.

Empecé a pedalear a un buen ritmo porque el ripio estaba solido, pero luego las cosas fueran se complicando, el ripio era suelto y he tenido que bajar considerablemente la velocidad aun así la cadena volvió a atascarse en la corona de piñones varias veces.

Debo decir que por todo el camino, iba disfrutando de las diversas imágenes que me brindaba el cerro Fritz Roy con sus 3375 metros de altitud, simplemente es un espectáculo imponente ya que sus crestas y aristas rocosas se funden entre glaciares y nubes y según la iluminación del sol presenta diferentes coloridos.

Viene la noche, ya estaba dentro del territorio del parque nacional Los Glaciares, y es impresionante como la temperatura baja considerablemente, enciendo la luz delantera y sigo sufriendo con el ruido que la bici hacia. Mientras pedaleaba me prometí que no entraría más en el ripio, excepto cuando llegara en Porvenir (Tierra del Fuego).

Era ya noche cuando vislumbraba las luces de El Chaltén, me ilusionaba en entrar nuevamente en el asfalto, hacía ya semanas (desde Chile Chico) que pedaleaba en el ripio. Miraba el cuenta Km me faltaban tan solo 4 Km cuando de repente se produce un fuerte ruido. Cuando bajo de la bici veo había roto todo el sistema de transmisión.

No podía más pedalear y he tenido que empurar la bici hasta El Chaltén, en realidad veía el lado positivo de la situación, a pesar del frío al menos sabía que estaba a pocos Km de mi destino. Venía tan cansado que pasé de la entrada del camping. Pedí información a una nativa y a las 22:20 llegué en el camping arroyo.

Monté mi tienda, tomé una ducha caliente y me fue a comer en un buen restaurante. Fue un largo y emocionante día…

Cuando desperté en El Chaltén, hacia tanto frio que la parte exterior de la tienda estaba congelada, me pensamiento no era otro sino en arreglar la bici, me sentía verdaderamente triste por lo que estaba pasando, pero aparte del sentimiento, decidí reaccionar inmediatamente y anduve por todas las tiendas de bicicletas del pueblo.

Para mí, que el día anterior había despertado en Villa O´Higgins, fue un verdadero choque ver tantos turistas con sus ropas y bastones, listos para hacer sus trecking… no sé cómo explicar la sensación de salir de la carretera Austral y encontrarme en el medio de tantos turistas de todo el mundo.

Aún con la buena voluntad de la gente, no conseguí encontrar la pieza. Era un viernes, si por acaso decidiese solicitar las piezas desde El Calafate, iba a tardar hasta como mínimo el lunes para que llegara.

No he tenido otra opción que comprar un billete de autobús e irme a El Calafate. Fue un viaje "triste", tenía tantas ganas de pedalear en el asfalto, soñaba con aquello, pero allí estaba yo y mi bici viajando los 210 Km que separan las dos ciudades a una alta y constante velocidad.

Antes de llegar en El Calafate pasamos por una carretera secundaria que daba acceso al Aeropuerto Internacional. Solo con ese "detalle" ya se puede imaginar que la ciudad tiene una fuerte afluencia de turistas, pues desde allí se va a al uno de los glaciares más famoso del mundo, el Perito Moreno.

Llego justamente en el fin de semana que se conmemoraba la "fiesta del 135 años del bautizo del Lago Argentino[4]."

La ciudad había una cantidad impresionante de gente. Fue a un camping que era muy grande y también muy bien estructurado y por suerte conseguí un lugar para poner la tienda. A mí lado había una pandilla de jóvenes que bebían y fumaban mientras montaba "mi casa". Acto seguido fue directamente a la tienda de bicicletas y allí he dejado la bici para que pusieran las piezas necesarias y para que centrasen la rueda trasera. Mi prometieran entregar la bici el próximo día, sábado, a las 17:00.

Estaba cansado y me acosté a las 20:00 pensando en ir a la fiesta. Disfrutaba del ambiente festivo de la ciudad, había espectáculos con cantantes famosos (que yo no conocía). Disfrutaba de mi soledad en el medio de tanta gente. Cuando desperté eran casi las 2:00, aún así me fue a la fiesta pero ya había acabado todo, tomé una cerveza en un bar de la famosa Av. San Martin, y luego me regresé al camping.

En el sábado, más despierto, o atento, me detuve delante de un restaurante y observe todos los turistas (El Calafate tenía sus hoteles llenos) sentados en sus mesas elegantes, y vi que en las mesas habían dos cuchillos. Y

---

4 El Lago cubre una superficie de 1466 km² y tiene una profundidad media de 150 m, en sus brazos occidentales desaguan varios glaciares, entre ellos el Perito Moreno y el Glaciar Upsala.

pensé como es sencilla y practica la vida de un ciclo viajero... yo tenía un sólo cuchillo que servía:

- para cortar el queso y el salami

- para cortar el huevo duro

- para cortar el pan (pero solo se está cerca el cuchillo sino se abre con la mano mismo)

- para exprimir el saquito de té o café (dependiendo de los que tenga para tomar)

- para sacar alguna piedra que está incrustada en el neumático

- para cortar alguna botella, donde por la noche hago mi pipi (¿o creéis que iba a salir de la tienda con el frio que hacia fuera, para hacer pipi?)

- para apretar algún tornillo

- para cortar alguna rama.

Y vos digo que podría seguir escribiendo más cosas que se hace con un solo cuchillo. Son las conveniencias de la vida...

Aún en el sábado compré comida, lavé ropa y he conocido un señor turco que viajaba en bici. Él ha venido al camping y fue una buena compañía. A las 17:00 fue recorrer la bici, pagué menos de lo que debía, 200 Pesos, compré algunas herramientas y cuando salí pedaleando noté que "no habían centrado la rueda, por eso mi cobraron menos" hablé para mí mismo. La bici sin las alforjas era leve, y así he estado paseando por la ciudad, ya pensando en la ruta que haría el día siguiente en dirección al glaciar Perito Moreno.

He tenido otra mala noche de sueño en el camping, había un grupo de jóvenes que no paraban de beber, fumar y escuchar música. Confeso que me preguntaba se cuando era más jóven tenía más respeto por los demás, y la respuesta fue positiva. Sin duda la educación y el egocentrismo de un grupo de jóvenes hoy, independiente del país, es algo asustador. Nunca he sido un moralista, al contrário defendo que todos y todas deben hacer lo que bien quieran con sus vidas, pero el respeto a los demás siempre fue algo básico que he aprendido.

Cuando salí de mi tienda, el domingo, no tenía como no poner cara de poco amigo para aquella gente, aunque daba igual porque estaban más borachos... Así que me concentré en mis afazeres, puse nuevamente las alforjas (simpre con precintos), preparé comida (tenía la intención de dormir dentro del parque - aunque en teoria es prohíbido) y salí del camping en dirección al Parque Nacional Los Glaciares - 82 Kms.

Ya en la salida de la ciudad percibí que algo no iba bien con la bici, la rueda trasera seguía tocando el cuadro de la bici. "No entiendo porque no centraran la rueda", pensé yo. Mientras tanto se aproxima otro ciclista que me había avistado y cambiado su ruta de paseo para me acompañar 21 Km con una animada conversación. Me decía que había cruzado toda Africa en bici gastando nada más que 100 dólares, la dureza de las montañas en Lesotho... Era de Venezuela pero ahora su pareja era de El Calafate, así que estaba trabajando allí, tenía un fondo de tristeza porque tenía una hija en Venezuela, la cual no la vehía mucho. Estaba ansioso para que llegase junio porque iría hacer un viaje con ella a Colombia. Me imaginé que duro debe ser una situación así...

Mientras tanto no dejaba de contemplar el hermoso paisaje del Lago Argentino, su inmensidad me hacía sentir pequeño, y aquillo me encantaba. Lo que estropeó mis pensamientos y también mí alegria fue tener la certeza que la bici no andaba bien. Saltaban los cambios, la cadena se salía, la rueda trasera ahora con el peso de las alforjas se balanceaba... enfin la bici sufría. Y yo sufría con ella.

Paré en la entrada del Parque Nacional y allí me cobraran la entrada. Hay precios para nacionales Argentinos, Latino America y otros países. He leído, y es verdad, que se entras en el parque después de certa hora en la tarde (creo que a las 16:00) no hay más funcionarios allí, es decir puedes entrar sin pagar.

El chico que me cobró estaba sorpreso por mí viaje en bici y quedamos hablando un buen rato. He cogido un poco de agua y seguí mi camino comiendo cacahuetes, galletas, tomando sumo y agua, hasta que empecé a ver desde lejos la enorme pared de hielo del glaciar, algo realmente impresionante. El camino final era una imponente pendiente que subí a duras penas ya que la rueda trasera tocaba al cuadro de la bici.

Allí hay un aparcamiento enorme y una tienda donde es "casi" que obligado a entrar ya que el acesso incial a las pasarelas empieza por la tienda, que obvio estaba llena de turistas. Me acerqué solamente para aparcar la bicicleta y luego me fue por las pasarelas menos transitadas, y me dejé hipnotizar por la grandeza de la naturaleza.

El frente de avance del glaciar tiene 5 km de ancho, con una altura promedio de 74 metros por encima del lago Argentino. Los glaciólogos dicen que la profundidad total del hielo es de 170 metros. Lo que más me llamó la atención fue saber que el glaciar "se mueve" como 2 metros por día, aquella enorme masa de hielo tiene vida.

Mientras he estado por las pasarelas, hipnotizado, veía y escuchaba el ruido que hacia cuando había un desprendimiento de la pared de hielo. He visto que no habría ningún problema si quisiera quedarme a dormir dentro del parque, había mucho bosque donde podría montar la tienda (aunque fuese prohibido), sin embargo tenía consciencia de que la bici no estaba buena, y por cuenta de eso he decidido no dormir allí. Antes de irme entablé conversación con dos personas que trabajan y viven dentro del parque.

"Qué bonito debe ser el glaciar bajo la luz de la luna, y sin el ruido de los turistas…", pensé yo.

Me fue, queriendo quedarme, encantado con tanta belleza blanca. Bajé la cuesta y nos pusimos (la bici y yo) a la salida de otro parking a hacer autostop, el primer coche que pasó paró, con la ayuda del conductor, Miguel, puse la bici en la parte trasera. Hice un interesante viaje con él, su novia y otra chica. Todos ellos de la provincia de Santa Cruz. Fuímos por el antiguo camino que era de ripio, además que lleno de curiosidades. Miguel quería nos enseñar algo de gran valor histórico. Era un monumento en memoria de las masacres ocurridas a inicio de los años 20. Habían tres columnas con los nombres: Memoria,

Verdad, Justicia. Además un letrero azul con escrita blanca que decía:

"Viajero que pasas por este lugar... recuerda que a lo largo y lo ancho de estos territorios, en tumbas sin nombres, pero no por ello olvidados, yacen aquellos que se alzaron en defensa de sus derechos. En 1922 cayeron fusilados en la Patagonia Argentina, cientos de trabajadores laneros y peones rurales de diversas nacionalidades por revelarse contra condiciones de trabajo inhumano y reclamar salarios justos.

Hoy los recordamos… aquí, en calles y escuelas porque, "La ética siempre vuelve a surgir por más que la degüellen, la fusilen, la secuestren o la desaparezcan" (Osvaldo Bayer).

La masacre y la historia de los antepasados de esas tierras están escritas por O. Bayer en el libro Patagonia Rebelde. Así que he tenido la suerte de conocer esa historia por cuenta de Miguel, ya que la carretera nos desvía de esa trágica realidad de explotación de mano de obra, que ojalá fuera histórica. Conversando dentro del coche también me enteré que era carnaval, yo no tenía la menor idea.

Cuando llegamos en El Calafate intenté ir a un hostal pero, estaba lleno, no me quedaba otra que regresar al camping. Monté la tienda en el otro extremo con la esperanza de dormir bien por la noche. Cuando me fue a la ducha he encontrado por sorpresa a Elsa (la que esta con su novio pedaleando a más de tres años por el mundo), hablamos sobre los problemas de nuestras bicis y quedamos que nos veíamos la mañana siguiente.

Para mi desgracía la noche fue más una vez, ruidosa por los jóvenes borrachos que empezarán a pelear por cigarrillos. Por la mañana fue a encontrar Olivier y Elsa, llevé la rueda de la bici para él mirar, él tenía el aparato para apretar los radios y centrar la rueda. Sólo que he tenido una GRAN y MALA sorpresa, el eje de la rueda estaba roto. Sin embargo me quedé feliz por saber dónde estaba el problema. Por la parte de ellos, el cuadro de su bici estaba roto en tres partes y tenían que soldar.

Así que fue directo a la tienda de bicicleta y allí Eduardo (el dueño) me dijo que había dejado una nota me avisando del eje – pero yo no había visto ninguna nota. Así que le pedí para arreglar el eje, ya que no tenía condiciones de viajar de aquella manera, y más adelante tampoco tenía donde arreglar la bici.

Como me prometió, a las 14:00 me devuelvió la rueda de la bici. Regresé al camping y fue directo a montar la rueda feliz, con expectativa de que ahora la bici funcionase bien. Y así fue, desmonté mi tienda, arreglé las alforjas y me fue a la carretera, sin destino fijo. Estaba tan ansioso por irme que me olvidé me pequeña y compacta toalla. En teoría no iba más a ver la pareja de franceses, pues me habían dicho que mudarían de ruta e se iban en dirección al Norte.

La mofeta rayada

Los primeros 32 Km, por la Ruta 11, pedaleaba escuchando la bici, el camino asfaltico con sus inmensas rectas, la ausencia de vegetación, el color marrón de los montes y el número de jóvenes haciendo autostop a la salida de El Calafate, fueran las cosas que más me impresionaran.

Yo iba feliz, por fin la bici andaba bien, no se quejaba, obedecía a los comandos de los cambios, fue un alivio. Reencontré a la otra pareja francesa (los que venían pedaleando desde Ecuador), se aproximaban despacito a El Calafate, hablamos algunos minutos, y luego a pedalear nuevamente, antes de entrar en la Ruta 40 hice una parada para comer, estirar los músculos y regresar a mi destino.

Iba feliz, todo andaba bien hasta que después de los primeros 18 Km en la Ruta 40 me aparece una señal amarilla con letras rojas y negras que decía:

PRECAUCIÓN PROXIMOS 8 KM SINUOSO EN ASCENSO.

Confieso que se me borró un poco la sonrisa, no esperaba eso, aquí eché de menos un buen mapa como habían los franceses que sabían todas las altitudes por donde pasarían. Respiré fondo, cambié la velocidad de la bici (plato pequeño y piñón grande) y me prometí subir toda la montaña sin bajarme de la bici. Tenía en los bolsos traseros de mi chaqueta, cacahuetes, galletas y barras de cereales. Los pocos coches que pasaban me pitaban, animando mi aventura. Yo solo veía adelante subidas y muchas curvas sinuosas, al lado izquierdo se abría un valle inmenso, precioso… y pensaba como se había formado todo aquello, cuantos millones de años fueran necesário para aquella obra de arte de la naturaleza que se exponía en mi camino.

La Patagonia es sin duda maravillosa, pero estos terrítorios vacíos, estas inmensidades perfectas que nos devuleven siempre a la verdadera dimensión de nustra pequeñez – que pequeño somos, Dios mío - nuestra brevedad, nuestra impotencia… puede ser agobiante. Que importante sería que tanta gente creída vinieran a darse un baño de Patagonia… sin duda tendríamos un mundo más humano.

Para consolar todo el esfuerzo me prometía que iba a disfrutar por el alto la bajada que tendría luego después de subir (¿y quien dijo que había una bajada luego después?). Son las trampas de mente que nosotros mismo creamos, y que no dejan de ser necesárias.

Con mucho esfuerzo subí toda la montaña, tres cosas debo decir: tardé mucho tiempo para llegar hacia arriba, no eran sólo 8 km y sí 10 Km de subida y el peor, no había ninguna bajada. Luego supe que aquel paso se llama Miguens, y es famoso por su bajada y el paisaje de la estepa que venía contemplando.

En la cima he comido y he tenido la mala sorpresa que me agua estaba se acabando. Era la segunda vez que pasaba eso en el viaje. A partir de ahí venía me martirizando por no haber más agua, mi sentía "irresponsable" por no traer suficiente agua. Me sumí en un sinfín de lamentaciones...

Me encontraba en una meseta, muchas rectas, pocas bajadas y subidas, el color marrón constante, poca vegetación y mucha soledad. Estaba muy cansado, tenía ganas de beber pero no podía. Me ha venido mil y uno pensamientos ya que sabía que durante muchos kilómetros no encontraría ninguna población.

Veía como el astro rey bajaba majestuosamente a mi derecha, eso quiere decir que empezaba a hacer frío. Inesperadamente y a gran velocidad pasan por mí Olivier y Elsa, decidiran ir en dirección al Sur. Yo me imaginaba, porque para llegar a la RN 3, que llevaba al Norte, tenían antes que percorrer centenas de Km de ripio, y luego en la entrada de ese camino había una señalización diciendo que se llovía el camino era muy peligroso.

Mientras pasaran me hicieran fotos (la da contraportada es una dellas), nos saludamos y no conseguí acompañarles. Mi cuerpo estaba cansado, preocupado con el agua y ahora también con el frio, todo un panorama en mi cabeza…

Por providencia divina en el medio de la carretera, estaba aparcado un coche con matrícula chilena, mi pareció que el señor estaba mirando un mapa (no había porque un coche parar allí, en el medio de la nada).

Disminuí la velocidad, tiré mis gafas y me aproximé despacio para no asustar a la gente. Les saludé y pregunté a cuantos Km estaría el próximo pueblo o estancia. El señor mi respondió que no sabía pero que a muchos km. Le expliqué que estaba acabando mi agua y pregunté (¿o suplique?) se podría darme un poco de agua.

El señor me dice que ya han bebido de la botella, pero en aquella situación, no me importaba (mejor tomar agua que mi orina, pensé conmigo). Le agradecí y cuando ya iba me apartando el señor mí llamó. Salió del coche abrio el maletero y sacó una botella grande llena de agua y así rellenó mi otra botella. Por lo poco que he percibido la idea había sido de su señora. Aquello fue me salvación.

Seguí pedaleando por la meseta, solo veía carretera, el sol ya se escondía, los pocos coches que pasaban venían con las luces encendidas y empecé a buscar un lugar donde montar la tienda - todo parecía tan igual...

De acuerdo con mi cuenta kilómetros había pedaleado 88 Km, cuando encontré al lado de una curva un pequeño monte, tan parecido a otros pequeños montes que había pasado. Bajé de la bici, empuré unos 5 metros, y algo gracioso fue depararme allí con una mofeta rayada. Hemos estado algunos segundos nos comunicando:

- "¡¿Pero... ¿Qué haces tú aquí?!

En ese paisaje donde todo está quieto, se uno también se queda quieto algo pasa. Todo está como muerto, sí, pero bajo la superficie hay una vida surgente, maravillosa y sólo se trata de prestarle atención. Luego se fue a su vida salvaje, y me puse a montar la tienda como podía, el frío era aterrador. A duras penas he conseguido poner la tienda de pié, con el auxilío de piedras para sostener la base. Esa noche hice lo que nunca se debe hacer dentro de una tienda como la mía, cocinar. Su material es altamente inflamable, pero yo simplemente no tenía la menor condición física y psicológica de estar fuera de la tienda.

Así que mi prometí que encendería el hornillo para hacer un té y que no movería ningún dedo, llevando en consideración que cualquier chispa podría hacer desaparecer la tienda en cuestión de segundos.

Hice un té, comí pan, queso y salami, he vestido mi jeans y mi puse dentro del saco de dormir. Había sido un largo día con muchas emociones, entre la felicidad de tener la bici en perfecto estado, la cuesta que he tardado más de una hora para subir, mis lamentaciones por no haber suficiente agua, el cansancio, el frio…

Resulta que fue una de las noches más raras en todo mí vida, mi cuerpo pedía reposo, sin embargo el frio me despertaba para luego el cuerpo pedir descanso y así pasé toda la noche, luchando para suportar el frío y para seguir durmiendo.

Por la mañana, aún aterrorizado con el frio, cuando fue ver la botella de agua que estaba fuera de la tienda estaba simplemente congelada. La tienda había una fina capa de hielo por arriba, menos mal que hacia sol. Mi hice más un té dentro de la tienda, recogí mis cosas y salí pedaleando despacito, con la certeza de ir calentando el cuerpo.

12 Km después había un cruce y un puesto de vialidad. Y aquí me he traicionado… Resolví parar en el puesto y encontré a el Sr. Cláudio, empezamos a hablar y él me dijo que por la noche el termómetro llego a -2,2°C. Me rellenó las botellas con agua y me dijo que debía seguir por la Ruta 40, que el ripio era malo sólo en los primeros 2 km y que después era bueno y luego los últimos 20 km un poco malo, con un total de 70km hasta mi destino Tapi Aike. La otra opción era seguir por la

Ruta Provincial que me llevaría hasta Esperanza (50 Km) y de allí a Tapi Aike (80 Km), sería así 60 Km más hasta mi destino, pero siempre por el asfalto.

Me traicioné y me metí nuevamente en el ripio, despacio, despacio… iba a unos 8, 10 km por hora. Iba me lamentando por haber metido la bici allí, el camino era horrible, mucho ripio suelto con grandes piedras. Algunas veces he tenido que bajar para empurar la bici.

Ese día he cruzado con un ciclista estadounidense, un señor en moto que era de Venezuela (quedamos los tres hablando unos minutos), y luego seguí pedaleando todo el día, comendo mis barras de cereales, galletas y cacahuetes. Estaba indignado conmigo mismo por haber escuchado el señor de la vialidad, pues el ripio era siempre malo.

Todo el día con la vibración en el cuerpo, el culo siempre trepidando en el sillín… Pero seguí firme hasta que después de horas empecé a vislumbrar Tapi Aike. Veía que pasaban muchos coches, allí estaba el asfalto…

Para colmo cuando faltaba nada más que 500 metros, se produce un fuerte ruido en la rueda trasera. Paro inmediatamente. Cuando veo, toda la vibración del viaje hizo con que se rompiera la base del puerta bultos – que ahora estaba chocando con los radios de la rueda trasera.

Nuevamente rompí algo em la bici a tan poco de mi meta. Y ese era el lado positivo… ya estaba cerca de mi destino. Llegué al puesto de vialidad empujando la bici. Encontré al Sr. Walter allí sentado en el muro, le expliqué que pasaba con la bici. Cara cerrada, pocas palabras pero al final me ha dado la posibilidad de armar la tienda en el jardín o en el galpón. Preferí el galpón pues allí tenía protecciones laterales contra el viento. Llevaba ya cuatro noches durmiendo mal (tres en el camping de El Calafate, y la noche que pasé con frio al lado de la carretera).

Con piedras he fijado la carpa en el galpón. Luego crucé la carretera y conocí al señor Antonio, responsable de la gasolinera. Quería comprar comida pero él no tenía. Tomé café y el señor vendo "mi estado", fue a su casa y me regaló un poco de pasta y sal. No quiso cobrarme.

Cuando regreso al puesto de vialidad encuentro un gendarme que ya sabía que tenía el puerta bultos de la bici roto. Él tenía una maquina de soldar, pero el puerta bultos era de aluminio así que no podía soldar. Aún así él cogió un alambre y ágilmente hizo un apaño que me ha servido hasta el final de mi viaje.

En aquel punto del mapa pasa tan pocas cosas que creo no hay como la gente no ser amables con los pocos que paran allí. Pero una cosa es cierto el grado de amabilidad es diverso dependiendo de quien llega por allí… Estaba ya cocinando al lado de mi tienda, cuando escucho una voz femenina que viene en dirección al galpón.

Era unA ciclista estadunidense. La primera pregunta que me hace es porque voy a dormir allí en el galpón. Le he explicado que era mejor allí a montar la tienda en el jardín, donde no hay protección contra el viento. ¿Dónde vas a dormir? Le he preguntado curioso.

-        En una habitación en la casa del señor.

A principio sentí un poco de celos porque ella iba a dormir en una cama, pero luego se mi pasó. Cociné la pasta con queso y salami y me salió riquísima. Estaba tan cansado que no tenia otra opción que tener una buena noche de sueño. Por la mañana pedí al señor Walter para usar el baño y para mí sorpresa la habitación tenía dos camas literas. "Él bien sabe a quién debe invitar", pensé yo.

Fue a la pequeña tienda de Antonio y compré chocolate y 10 barras de cereales. Pagué un precio exorbitante, pero estaba tan feliz por su detalle del día anterior que no me importó.

Capítulo VII
El imperio de Eolo

Quinta Etapa

Salí de Tapi Aike por una curva a la izquierda, tenía unas vistas impresionantes del Parque Natural Torre del Paine. Hacia sol y inocentemente quería usar poca ropa, sólo que hacía frio, y he tenido que parar a los pocos Km para ponerme más ropa. Mi culo dolía de tal manera que intentaba pedalear el máximo de tiempo posible de pié. Cuando sentaba en el sillín me dolía un montón. Todo ese dolor por haber entrado en ripio.

La cosa ya no iba tan bien y súbitamente Eolo demuestra que aquí es su imperio. Y empieza un viiiiiiiiiiiiento tan fuerte de dar miedo. En la planicie no conseguía superar los 8 km por hora de tan fuerte que era el viento. Era desesperante; asfalto, pocas subidas y había andado 25 km en más 3 horas...

Yo tenía pensado cruzar la frontera en Cerro Castillo para ir al famoso parque chileno. La otra opción, que me habló la ciclista estadunidense, era ir a Puerto Natales y allí dejar la bici e luego visitar el parque. Así que iba un poco sin destino fijo.

Mientras pedaleaba me seguía doliendo el culo, el viento no cesaba, me cansaba un montón, tomaba agua, comía chocolate y no avanzaba... así que en momento de desespero resolví parar y elevar el pulgar derecho para los pocos vehículos que pasaban.

Por providencia divina me paró una camioneta con un hombre muy simpático. Era de la provincia de La Rioja (Norte de Argentina), pero trabajaba como ingeniero allí. Me hablaba de cómo se hacía difícil conducir con tanto viento, y como el coche consumía combustible en día como aquél. Yo no tenía idea de la velocidad del viento pero era algo asustador.

Con buenas conversaciones el hombre me llevó hasta la ciudad de Río Turbio. Bajé muy agradecido y me fue a la información turística, allí he leído un poco sobre la ciudad que hoy tiene casi 15.000 habitantes. La ciudad surgió por cuenta de las minas de carbón que todavía es el motor de la economía local. Por todas partes se ver grandes maquinas que trabajan en la extracción del carbón, particularmente no me ha gustado nada la ciudad.

Así que regresé a pedalear por una montaña para salir de la ciudad, el paso fronterizo (Laurita – Casas Viejas) estaba a 8 Km. Allí sello el pasaporte saliendo de Argentina y algunos metros más adelante sello mi entrada en territorio chileno. Estaba feliz porque sabía que a Puerto Natales eran sólo 40 kilómetros y todo en asfalto.

A parte de eso los primeros kilómetros era una bajada majestuosa donde la bici iba a una velocidad alucinante. En un determinado tiempo regresa nuevamente a soplar el viento. Estaba pedaleando por la carretera, que tenía poco transito, cuando de repente sin apenas darme cuenta, una raja de viento me llevó al carril por donde vienen los coches en dirección contraria. He tomado un susto enorme, tanto que paré para tomar agua y me alcamar. Y gracias a Dios que no venia ningún coche en la dirección opuesta porque ha sido algo tan rápido y tan potente que yo simplemente perdí el control de la situación. En cierta parte es bueno porque así me puse más atento, sabía ya que allí el viento es peligroso y comprobé el porqué.

Ese día pedaleé poco más de 60 km. Mi animaba llegar a Puerto Natales, era una ciudad que siempre tenía presente cuando leía los mapas. Los últimos kilómetros venia disfrutando de la aproximación a esa importante y histórica ciudad.

Estaba feliz por haber vencido mi orgullo y haber andado 50 km en autostop, sería derrochar energía pedalear en la meseta asfáltica a 7 o 8 km por hora con el ruido y la fuerza del viento. Sumado a eso tenía claro que iba al Parque Torres del Paine, así que sería un descanso para mi culo que me dolía bastante esos días.

Cuando llego en la posada, tenía muy claro que quería dormir en una cama, pero lamentablemente estaban todas ocupadas, así que me quedé en la parte trasera donde estaba en camping. El mejor de la Casa Lili era la cocina que tenía un fogón a leña que dejaba el ambiente siempre bien caliente.

Allí conocí más ciclistas y en mi primera noche he tenido la oportunidad de salir con un grupo de jóvenes israelís, a un bar en el centro de la ciudad. Los jóvenes israelís tienen mucha mala fama por el desorden (para no decir falta de respeto) que proporcionan por donde pasan, he comprobado eso en mí viaje de 3 meses por India, y venía comprobando eso por la Patagonia también. En esa región llegarón a tener aversión a ellos, después que un joven israelí (inocentemente, creo yo) puso fuego en el Parque Natural, devastando 12 mil de hectáreas. Detalle, él chico quiso quemar el papel higiénico y causó una catástrofe.

En fin, en el bar hablamos de temas polémicos, toda esa gente desde mi punto de vista vienen "tocada" después de hacer sus años obligatorios de servicio militar. Están siempre juntos, entre ellos, y no les importan mucho la idea de que están incomodando, así que empezaron a cantar en voz alta en el medio del bar, llamando la atención de toda la gente que ya les mira con cara de pocos amigos.

El día siguiente pensaba en ir al parque pero me quedé deambulando por la ciudad y compré gas para cocinar, compré comida pensando que iba a estar haciendo "trecking" por al menos tres días dentro del Parque. Aquí hacia un frio considerable y aproveché para comprar guantes – los guantes que tenia para conducir la bici pasaban perfectamente por los guantes que compré y protegían mis dedos. Por el hostal/camping siempre encontraba personas interesantes que iban y venían del Parque, siempre con informaciones útiles.

Como viajaba sin mochila, alquilé una en el propio hostal y puse lo necesario para ir al Parque. La bici he dejado en la parte trasera, donde está el camping (fue para aquél hostal, porque ya sabía que podía hacer eso). Resolví ir de la manera más "atractiva", en autostop. Y por el camino he tenido siempre conversas animadas. El primer conductor me "conocía" porque me había cruzado mientras subía la montaña en la ruta 40, luego después de El Calafate. Él me conoció por mi ropa roja: "Incluso te he pitado para darte ánimo, porque uno necesita tener coraje para hacer lo que haces" decía el señor.

El segundo coche, era de un ingeniero, también nativo, responsable por obras de las carreteras de región, en su habla había un sentimiento de regionalismos: "Somos Magallanes". Hay muy poca identificación con el gobierno o la forma de vida de los de la capital, los santiaguinos. Y agradecido bajé de su 4 x 4 justamente en Cerro Castillo. Sabía que la frontera con Argentina estaba a escasos kilómetros de allí. Me fue a un cruce y rápidamente conseguí el último autostop. Ahora era un astronauta belga pero que reside en Estados Unidos. Aunque su ruta no era exactamente hacia el Parque, él me ha llevado hasta la entrada del Parque y después se dio la vuelta.

Allí uno tiene que pagar una buena cantidad para tener acceso al Parque. Así son las administraciones en todo el mundo, aprovechan de sus encantos naturales para comercializar… sea en Tromso (Noruega) donde "venden" las aurora boreales, El Calafate que "venden" el atractivo glaciar Perito Moreno o el Parque Torre del Paine.

El Parque presenta una gran variedad de entornos naturales: montañas (entre las que destacan el complejo del Cerro Paine, cuya cumbre principal alcanza los 3050 metros, las Torres del Paine y los Cuernos del Paine), valles, ríos (como el río Paine), lagos (destacando los conocidos como Grey, Pehoé, y Sarmiento), glaciares (Grey, Pingo, Tyandall y Geikie) pertenecientes al Campo de Hielo Patagónico Sur).

Todas esas informaciones tenía por un detallado mapa que me regalaran una pareja belga que viajaban en bici por el mundo. El parque es realmente maravilloso, unos paisajes indescriptibles. Interesante que aquí se encuentra muchos europeos y pocos chilenos. Las estadísticas dicen que 75% de los turistas son extranjeros.

Hay un famoso recurrido en forma de "w" que es lo que habitualmente hacen los turistas en dos o tres días de caminada. Tenía pensado en hacer ese camino, ya que me fue muy recomendado. Sin embargo veía toda la gente muy bien equipada con su material y ropas de trecking y yo era el único que se destacaba por llevar ropas de ciclista, aunque eso era lo que menos me incomodaba. Yo pensaba mismo era en la fatiga muscular, ya que encontré algunos ciclista que hicieran la "w" y después tenían toda la musculatura dolorida.

Solo entrando en el parque e indo a la base de las Torres del Paine he sentido la dificultad del camino y la importancia de la resistencia física. Debo decir que iba encantado por tanta belleza natural alrededor. Cuando llegué en el camping (el parque tienen varios campings donde se puede dormir, algunos gratuitos otros no), el tema más comentado era el frio que estaba haciendo por las noches. En la noche anterior habían registrado -2°C.

En el camping reencontré inesperadamente dos chicas españolas (Violeta y Lola) que les había conocido en el hostal de Caleta Tortel. Viajaban a más de tres años, desde México en auto-stop. Habían hecho trabajo voluntário en una ONG en Ecuador hasta que descubrieran como el supuesto director, usaba el dinero más en su benefício que de los propios niños que debería ayudar. Salíeran muy disgustadas de la organización.

Mientras cocinábamos algo caliente para aplacar un poco el frío que hacia, me comentaran del problema que han tenido para salir de Caleta Tortel por una huelga que llevó a la falta de combustible para toda la región. Según he comprobado posteriormente he tenido suerte por haber cogido el barco para cruzar el Lago O´Higgins. Ya que los días posteriores no habían combustible para navegar.

La mayoría de la gente allí tenía muy claro que se iban regresar al Norte, en Europa era invierno, allí era verano y querían disfrutar de una temperatura más agradable. Así que la opción eran buscar una latitut más elevada. Yo tenía muy claro que a pesar del frío y del viento me destino final era Ushuaia, me quedaba ya menos de 1000 kilómetros y sabía que podía lograr. Así que escuché toda la gente y fortalecí mi convicción en llegar más al Sur.

La noche hizo mucho frio también, la gente del acampamiento despierta muy temprano para ver el sol nacer en la base de las Torres. Y allí estaba yo también, subiendo por caminos tortuosos a las 5 y algo de la mañana, linterna en mano, enrollado con mi saco de dormir para protegerme del frio. Cuando llego arriba… estaba todavía oscuro. Había un poco de nubes, pero aún así es algo ESPECTACULAR.

Ya en la bajada venía pensando en mis objetivos y también en la importancia de la flexibilidad de planes: pues nada de "circuito w". Lo que hice fue recoger mis cosas en el campamiento, coger el camino de regreso a la entrada del Parque y… hacer auto-stop para regresar a Puerto Natales.

El señor Omar es un nativo que trabaja por la región transportando bombonas de gases (butano, nitrógeno etc.), con ese señor he dado toda una vuelta por el parque. Luego al subir en su pequeño camión él me advirtió que iba hacer más entregas (una en un hotel, otra en la residencia de los militares). Como tenía tiempo y también ganas de ver otra parte del parque me fue con él, y pude comprobar la desgracia del incendio del 27 de Diciembre de 2011.

Omar es también bombero voluntario y participó en las labores de extinción del incendio. He visto varios videos grabados por él de la tragedia. Por el camino vi la parte del parque que se quemó, que no estaba abierta a los turistas, pude ver también el glaciar Gray, diversas cascadas proveniente de los glaciares, lagunas... todo un encanto, todo un paseo.

Llegamos en Puerto Natales ya estaba oscureciendo y estaba muy cansado también, así que una buena cena y una buena noche de sueño. Por la mañana acordé muy bien dispuesto para seguir mi camino, pero aún así salí después de las 12:00. He mirado por internet el camino que me esperaba hasta Punta Arenas, hablé con las personas del hostal, todos mi alertaban sobre la potencia del viento en ese camino, de hecho me han dicho de un monumiento al viento que luego iría encontrar. Pasé por el supermercado para comprar algo de sumo y galletas y confiante me puse a pedalear.

La Ruta 9 me parecía un tapete el asfalto cortando aquella tierras que parece no ter fín ni dueños. Poco transito. Mis piernas embalabam la bici con un gusto y una potencia... En el medio de una gran recta he encontrado el monumiento al viento, obra de la artista chilena Alejandra Ruddoff, un gran homenaje a un compañero frecuente en la tierras magallanicas. Paré hice algunas fotos y seguí mi camino dando gracias por no comprobar la potencia del viento - que llega facilmente a 100 Km por hora allí.

Ese día hice 108 Kms, paré en un puesto de la policia en un lugar que ni aparecía en el mapa llamado Moro Chico. Hablé con el policía que luego me dijo que podría poner la tienda en el galpón. Y así lo hice, busqué pedras para sostener la tiena y allí cociné y me puse directamente a dormir, hacía un frío...

Desperté temprano y me acuerdo bien de la bondad del polícia que me dejó usar el baño. Es algo muy curioso cuando uno viaja en bici y en solitário la confusa carga que comporta la vida cotidiana, los horários, olvidos, citas, oportunidades perdidas, la bolsa de valores, el polvo que se acumula debado del sofá etc se queda olvidada temporalmente, borrada de tus pensamentos por la arrolladora claridad de la meta. De igual manera algunas comodidades como un baño (algo tan básico), es algo que puede marca tu memoria por toda la vida.

Regresé al galpón, me hice un thé, comi pan, galletas y a las 9:00 ya estaba listo para lo que sería una larga jornada - tenía la ilusión de pedalear hasta Punta Arenas. Por supuesto que ese objectivo no dependería solamente de mi voluntad y esfuerzo, sino del viento.

A pesar del frio hacia un día maravilloso, y para mia suerte Eolos dormia... El viento soplaba tranquilamente y yo aprovechaba para pedalear fuerte, cruzando la cinta asfáltica que uno a principio no se cree que te llevará a alguna parte, tamaña imensidad y soledad. Fue reponiendo energia con baritas de cereales que traia en la jaqueta. Venía "jugando" con el cuenta Kilometros y hacía paradas a cada 25 Km. A los 100 Km paré en una comuna llamada Villa Tehuelche. Un pueblito con 151 habitantes, una escuela, un puesto de salud, otro de policía, una iglesia y poco más.

Me fue a una tienda pequeñita, al lado de la careterra a tomar un café. Allí encontré una pareja de turistas de Viña del Mar, que venían a conocer la región de

Magallanes, huíndo del bullícioso festival que acontencia en esa ciudad chilena. Despúes que se fueran me quedé hablando con el señor de la tienda. Hablaba con mucho orgullo de "ser Magallanes". Utópicamente, al menos para mí, él comentaba que un día serían independentes, pues la gente de Santiago poco saben de la región. Para no entrar más en temas políticos, compré unas galletas y me fue nuevamente a la carretera. Me faltaban más unos cuantós Kms para llegar a mi destino.

La salida de Villa Tehuelche es una pronunciada pendiente, y despacito la subi y seguí agradeciendo el buen comportamiento del viento. Aún con un vento moderado, despúes de los 130 Kms ya sentí mismo el cansacio de la lunga etapa, y fue haciendo constantes paradas para estirar la musculatura, comer y beber.

Tenía total consciencia de mi debilidad despúes de pedalear tanto, así que disminui la intensidad del pedaleo (y tampoco tenía tanta fuerza más), y la peor parte me esperaba todavía: la junción de la Ruta 255 con la Ruta 9. Esa Ruta vá hasta la ciudad de Ríos Gallegos, Argentina.

Pasé de una tranquilidad a un intenso nível de atención porque la ruta es muy movimentada, ya era final de tarde, y el ruído de los coches y camiones era enorme. Lamentablemente el espacío al lado de la pista entra limitado y hacía con que el viaje si tornase peligroso. En algunos tramos no había ese espacío y tenía que pedalear en la propia pista. En un de esos momentos he tenido quizás el momento de mayor susto en todo el viaje. Mientras venía concentrado escuche el ruído del motor del coche que venía por detrás de mí y luego la frenada en seco... juraba que me iba a llevar por delante, me tiré para fuera de la pista y paré imediatamente.

Cuando miré al coche ví un chico jóven, que seguio su camino como se nada... me quedé allí unos minutos respirando después del susto que he tomado. El camino seguió peligroso hasta la entrada de Punta Areneas, con un intenso trafico de camiones.

La parte bonita de ese punto del viaje, fue ver por primera vez el Estrecho de Magallanes, todo un acontecimiento para mí. Estaba ya muy cerca de la Tierra del Fuego. Pero antes tenía que concluir la etapa, y como ya me imaginaba Punta Arenas es un ciudad grande y por tanto me llevó tiempo llegar al centro, ahora a parte del cansacio, el transito urbano y la poca luz solar que había.

He llegado al hostal y el cuenta Kms marcaba 159.43Km, ya pasaba de las 21:00 horas, poco más de 12 horas de viaje. Llegué muy cansado y en hostal había dos grupos de chicas uno con chicas de Israel y otras de Santiago. Me fue directo a la ducha y luego me preparé un buen plato de pasta con salami, antes de meterme en la cama.

La soledad del viaje no es sólo el de pedalear, pero también el de no tener con quién compartir momentos tan alegres como aquél, o mejor dicho, uno aprende a estar consigo mismo. Lo que para mí ha sido todo un logro esa etapa, se quedó plasmado en mis sentimentos própios de aquél momento y mi memória.

Capítulo VIII

Tierra del Fuego

Sexta Etapa

Desperté en Punta Arenas y encontré una ciudad vibrante y moderna. Antes de la apertura del Canal de Panamá en 1914 fue el principal puerto en la navegación entre los océanos Pacífico y Atlántico por su ubicación en el Estrecho de Magallanes, de aquí data su época de gloria, que la hizo un gran centro cosmopolita y comercial en el extremo austral de Sudamérica.

Me fue dar un paseo por el centro que posuí una arquitetura "europeizada". Hice algunas fotos en el flamante momumiento a el comandate Magllanes en la plaza de armas. Y en la información turistica encontré los horários de los barcos para cruzar el Estrecho. Como tenía tiempo aproveché y tomé un bus urbano para ir a la famosa zona franca. El mejor fue andar en el transporte público que te lleva a barios que no son nada turísticos y ves la otra parte de la ciudad.

Allí muchos productos importados, whiskes, eletrodomésticos, eletrónica etc. todo lo que no necesitaba. Entré en un supermercado, compré arroz y carne y regresé al hostal para cocinar y organizar las cosas para el viaje. Tenias muchas ganas de llegar a Ushuaia, tantas que hasta hoy no sé porque no me quedé más una noche en Punta Arenas.

Lunes 27 de febrero de 2012, 492 años después que Magallanes atravesó por vez primera el estrecho, allí estaba deslumbrado con todo aquél paisaje. Me imagine la primera vez que ese señor atravesó el estrecho, y los nativos que tenian fuego encendidos a las orillas de esa gran isla, hoy dividida entre Argentina y Chile...

En el barco conocí otro ciclista, que se aproximó timidamente para hablarme. Mathias, un tipo con barba lunga, venía entre barcos y pedaleos desde Anchorage, Alaska. Me quedé muy feliz en conocerlo, aunque hablamos poco en el barco, yo estaba más interesado en disfrutar del viaje. Obersvé delfines, diversos tipos de aves y cada minuto de las dos horas que tarda la travesía hacía Porvenir.

Allí hemos recojido nuestras bicis y fuímos pedaleando desde la Bahia Chilota hasta la Porvenir, apenas 5 Kms. Me sorpreendió luego al incio ver un Club Croata en la entrada del pueblo. ¿Cómo han venido a parar aquí gente de Croácia? Me preguntaba. Pues la inmigración europea en busca de oro. Más adelante un monumento a los inmigrantes y poco metros más el parque Yugoslavo. He tenido me despertó una inquietude, ¿Cómo esa gente salió de tan lejos para llegar en aquél punto del globo?

Hoy de la inmigración se quedó muchos nombres y los monumentos, luego fue la vez de los nativos de la isla de Chilóe, transladaren al pueblo. Busqué un sitio para comprar galletas, chocolate y tomar coraje de enfrentar nuevamente el ripio. En medio de todo eso la sorpresa fue saber que Mathias era diabético. Salimos de Povenir, los dos con un de esos mapas sensillos que te lo dan en la información turistica. Ya era tarde del día. Decidimos hacer una ruta que bordeaba el mar. Para empezar la ruta de rípio algo que nos llamó la atención fue un letrero donde indicaba los kms a los pocos destinos desde allí y nada menos que algunas centenas de metros otra placa con los mismos destinos y otra numeración kilómetrica. Preferí reírme de aquillo. Estaba en el rípio de Tierra del Fuego.

El camino no era tan fácil, pero la paz y la soledad del lugar era acogedor. Hemos pedaleado nada más que 20 Kms. El sol ya se ponía y hemos puesto nuestras tiendas en un lugar hermoso, cerca del mar. El viento soplaba fuerte, hacía frío, y nos ha costado encender el fuego.

Debo decir que me impresionaba la cantidad de comida que traíba Mathias. Yo venía mucho más ligero con mis dos bolsos. Él tenia una mochila llena de comida. Mathias me contó que por la noche se despertó porque escuchó ruído de algun animal y pensaba que serían lobos marinos pero al salir de la tienda no ha visto nada. Yo ni he visto ni he escuchado, dormí como de costumbre, profondamente. Nos levantamos, yo sentía un frío... pero Mathias estaba allí como para tranquilizarme, nada le molestaba. Cocinamos un quilo de avena que hemos comido con platano.

Nuestro destino ese día era Onaisin un punto en el nuestros mapas. Por el camino poca cosa que ver, mucho ripio, pocos coches, poca vegetación y claro, viento. En medio de ese paisaje desolador ví de lejos un señor que estaba pescando. Me ha entrado una curiosidad y paré para ir hablar con él, en verdad queria comprarle algun pescado para cocinar.

Victor, un ser humano digno de un estudio Antropológico. Vive allí retirado del mundo moderno, en algo parecido a una casa, sin nada de conforto. Pesca y vá hasta la "ciudad" de Povenir vender su producto. Por ser tan valiente en enfretar el frio y la soledad de aquél lugar no le falta pescado. He visto como venía salindo del agua con un pescado de gran tamaño y peso.

Cuando le dijé que queria comer pescado, él rapidamente y amablemente me dió 9 pescados. Cuando quise pagarle él no quiso dinero. "¡Qué riqueza tiene esa gente, que parece no tener nada, pero siempre tiene algo para dar!" Pensé yo. Fue hasta mi bici he cogido mi mejor bara de chocolate, y que sonriso le ha venido en cara...

Mathias estaba muy contento por nuestra prometida cena. Seguimos pedaleando hasta que paramos para comer frutas, él se ha dado cuenta del enorme peso que traíba, y me pidió ayuda para comer una cuantas naranjas y plátanos. Como no podía ser diferente el ripio, que no era tan malo, destrozaba me culo. Hice muchos Kms pedaleando de pie (de un total de 95Kms). Por fin llegamos a Onaisin, que no es nada más que 1 casa abandonada - donde monté mi tienda - y otra adelante que había más perros que gente.

El paísaje era algo magnifico, una paz, una inmensidad, el cielo azul que contrastaba con la hierba seca y nada de verde. He intentado hablar con alguién pero fue imposible encontrar una alma viva por allí, así que pasamos unos alambres y después de andar unos 80 metros entré en la casa abandonada, con mucha basura dentro lo que no proporcionaba el mejor de los olores. Aún así preferi poder piedras para sostener la tienda y me quedar protegido del viento y del frío. Mathias montó la suya fuera, en medio del campo.

Mientras limpiabámos los pescados, nos ha acercado un zorro, su color se camuflaba con todo el ambiente. Observaba nuestro trabajo y esperaba pacientemente su hora. Al final hemos tenido una buena cena, en aquél "lugar en el mundo" donde el tiempo parece no tener fin, donde la inmensidad de todo te hace sentir un punto perdido en ese planeta azul.

Por la mañana dejamos todas nuestras cosas en la casa abandonada y nos fuímos 12 Kms en busca de un lugar donde se podía ver pingüinos reyes. Son especies en via de extincíon que habitan en el continente antártico, y en algunas de las islas próximas que circundan la Antárdita. Pues que suerte la nuestra estar allí.

Cuando llegamos al sitio, estaba cerrado y pensábamos como transpasar la barrera cuando llega una señora con un enorme coche nuevo y seguramente muy caro. Ella se llamaba Cecília y es la propietária de aquellas tierras. Así que la señora hizo suya una "pingüilandia" y cobra un precio alto a quien quiera entrar allí para ver los pingüinos.

A final de mucha conversa, hemos pagado y ella quizo ser simpática con nosotros y nos ofreció primáticos. Cuando avanzamos puder ver que belleza eran aquelles animales. La parte superior de su pecho, a la altura de la garganta, es de color naranja amarillento, bordeado por una línea negra, con la espalda tapizada de color gris, que baja hasta llegar a la cola. Su vientre es blanquecino, y su cabeza negra y armada de un pico largo, puntiagudo y parcialmente anaranjado. Sus patas están adaptadas para nadar en el agua. Cuando andan exiben una "torpe elegancia".

Pasamos un buen tiempo observandolos después fuímos a la playa, donde encontramos uno pingüini solitário andando por allí. Durante todo el tiempo la señora Cecília intentaba no nos perder de vista, desde lejos estaba siempre interesada en observarnos. Regresamos a su quiosco y ella aún me regaló un libro infantil que habla de esos bellos animales. Me dijo que hiciera algún trabajo con los niños con cáncer (y hasta hoy conservo el libro para cuando regrese a la oncologia pediátrica).

En nuestro regreso Mathias tiene un pinchazo, y como raramente pasa un coche por allí, él ha tenido que andar más que 6 Kms, mientras tanto llegué en nuestra casa abandonada y cociné pasta con salsa de tomate. Comimos y heché una buena siesta mientra él arreglaba el pinchazo.

Nos esperaba mucho rípio todavia. Por aquellos caminos que parecen todos iguales. Nuestros destino estaba a 78 Kms. Monté la tienda justo al lado del puesto de control fronterizo chileno que se llama paso San Sebastián, la policia muy amable deja que acampes por donde quiera. Eso sí están segurissímos de la "deblilidad" de un ciclista frente a todo el arsenal que existe en los acampamientos militares que se ver alrededor. Aquella parte de la isla es usada para treinamientos militares y es común ver por allí senales de "Cuidado campo minado".

Después de poner la tienda, el ritual de buscar un lugar donde el viento no moleste tanto para incender el fuego y cocinar (arroz con guisantes). A esa altura llegó Mathias, siempre tranquilo, montó su tienda y después de una buena charla en aquél sitio con tanto polvo nos retiramos a nuestras casas.

Acorde muy feliz pues sabia que pronto saldría del ripio, sellé el pasaporte, tomé un café allí mismo y luego ya estava pedaleando "en tierra de nadie" los ultimos 15 Kms de ripio suelto que me llevaría a la frontera Argentina. Todo el camino bordea el Atlantico y al lado derecho alguna que otra montaña, no era nada facil encontrar el mejor sitio para seguir avanzando, pero sólo en saber que todo aquél puelvo y piedras luego serian história, me hacia seguir con más voluntad.

Luego llegué en la frontera, la polícia del lado Argentino como siempre ha sido más simpática que la chilena. Depués de una corta charla, un sello y salí a disfrutar del sol mientras esperaba por Mathias. Me quebada todavia unos cuantos Kms hasta Rio Grande, así que providencié agua y también muchas galletas para seguir camino.

El tiempo estaba sorriendo, sol, poco viento, buena temperatura y también poco transito, el camino era hermoso, y las inmensidad del Atlantico me hacia veer cuanto pequeño era y cuanto poderosa es la naturaleza. En algunos momentos disfruté de la compania de Mathias que por primera y unica vez pedaleaba más rapido que yo, que venia disfrutando de la parte más sureña del Atlantico. En un cruce he encontrado a él hablando con dos ciclistas holandeses que salieran de Ushuaia en dirección a Quito – Ecuador.

Venían muy bien equipados – a mí me sorprendió ver la dimuta camera de grabar que había en las gafas de sol del chico. La pobre chica ya se quejaba del viento y de la dificultad que tenía en mantener el equilibrio… "Espera llegar hasta la carretera Austral", pensé yo.

La información que nos han dado no era nada buena, en la ciudad de Rio Grande, no había ningún camping o ningún hostal barato para viajeros (el más económico costaba 130 pesos). Seguimos a buen ritmo hasta que hemos parado en una misión salesiana – ya llegando en Rio Grande – pues el neumático de Mathias había roto, detalle: el neumático era el mismo desde Anchorage – Alasca, donde él había empezado a pedalear.

Él quería poner la carpa allí ya que tenía mucho espacio, pero un profesor dijo que no tenia la autoridad para dejarnos acampar allí. A Mathias no le gustó nada eso, yo en verdad no quería quedar allí, tenía ganas de ir a la ciudad. Y así hicimos los últimos Kms, entre pedaleos y fotos, porque hay varios y llamativos monumentos que recuerdan la batalla de las Malvinas, a la vez que reinividican el territorio.

Llegando a nuestro destinos fuimos directo a la información turística que estaba, como no, en la plaza central. Y ya no era sorpresa, pero todos los hostales eran realmente caros y el camping ya estaba cerrado. Hablando con el joven él me indicó un centro deportivo, donde quizás nos dejasen dormir.

Salimos en busca de ese centro pero antes, paramos cerca de un supermercado para nos proteger de la lluvia que calia violentamente. Desde allí crucé la calle para ver la opción de dormir en el colegio público, la mujer fue muy simpática y dijo que sería posible pero deberíamos venir por la noche para hablar con la directora de la escuela.

No ha sido necesario, llegando al centro deportivo, hablé primeramente con una mujer que me indicó donde debería ir. Y fue a conocer un tipo extrovertido que se llamaba Diego. Me ha visto con la ropa de ciclista, mojado… y aun que no tenía ninguna reserva o viniera de ningún club deportivo – y además siendo de Brasil – nos ha dado autorización para reposar allí.

Regresé a dar la buena noticia a Mathias que todavia me esperaba al lado del supermercado. Cuando le enseñe las llaves casi no si lo creía. Teníamos una habitación solo para nosotros, con buena calefacción además. Y como tenía cocina, compré dos buenos pedazos de carne, además comí pasta con salsa de tomate y todo un paquete de queso rallado. Mathias se voy a comer unas cuantás empanadas que tanto le encantaban.

Haber cruzado el estrecho de Magallanes me hacia sentir "raro", estaba a cada día pedaleando para el final de mi solitario viaje, tanto había leído, soñado y ahora ya estaba se concretizando. Quedaba ahora 122 Km para llegar al corazón de la Isla una ciudad que ya había leído en el mapa varias veces, Toulhin. Ese nombre proviene de la voz Tol-wen en lengua selkam y significa 'corazón'.

Mi parece interesante saber el origen de nombres come ese porque hoy por hoy es todo lo resta de culturas ancestrales de la Patagonia. Los Selkam eran nómades terrestres, cazadores y recoletores parentes cercanos de los Tehuelches. Lamentablemente la última representante del pueblo amerindio de los selknam (también conocidos como "onas"), murrió en 1974 se llamaba Ángela Loij.

Y aquí la historia se repite, los pueblos nómades que vivian en perfecta harmiona con la naturaleza, vieran todo ser trasformado con la aproximación de los Europeus a partir de 1520, y luego la colonización y explotación de la isla lo que conlleva la devastación de toda una cultura y etnia.

De esa manera para mí era algo especial ir en dirección a Toulhuin. Muy bien alimentados, dormidos y también agradecidos salimos de Rio Grande pasando por su zona industrial. Mathias venía mucho más pesado y más despacio que yo, en verdad yo tenía ganas de acabar mi viaje y él al revés, no. Mientras pedaleaba por la carretera, se me aproxima un coche, su conductor empieza a hablar conmigo. Era el famoso Emílio, dueño de la panadería La Unión. Por supuesto ya había escuchado hablar de ese singular hombre que invita a todos los ciclistas a dormieren y comieren en su famosa panadería.

- Se vas hacia Toulhin, búscame en la panadería.

- Cómo te llamas?

- Emílio.

Esa fue toda nuestra conversación. Que casualidad haber encontrado a él por el camino. Ese día apenas había viento y pedaleaba a un ritmo de alegría por caminos sinuosos, casi siempre con el Atlántico a mi lado izquierdo. Jugaba con la velocidad, agradecía a Dios por todo aquello que estaba concretizando, la llanura de la isla me traíba lindas vistas, imágenes curiosas como la de un camión que transportaba lentamente una casa pré fabricada, que parecia tener vida. Por el camino también se veía mucha publicidad de la famosa panadaria.

Encontrar la Panaderia no fue nada dificil, mientras intentaba encontrar Emilio, un funcionario naturalmente me llevó al dormitorio y me enseño donde estaba la ducha. Las paredes del dormitorio está llena de mensajes escritas por viajeros de todo el mundo que ya pasaran por allí.

Encontré otro ciclista Alemán que estaba a casi dos años viajando con su bici, primero por el continente Africano y ahora por el Americano. Él me enseño como funcionaba las cosas por allí, y que sorpresa fue ver como él entraba por los fundos de la panadería y luego iba comiendo lo que veía por delante.

En eses momento prefiero ser cauteloso y primero fue conociendo a los trabajadores (que ya acostumbrados se relacionan con normalidad con los ciclistas). Mathias llegó más tarde y le apresenté a la gente, él estaba encantado con todo aquillo. Reencontramos con Emilio, y que ser humano feliz... trata a sus empleados con mucho cariño y respeto, vive su vida entre su negocio y sus aventuras por la región. En la panadaria hay varias fotos suyas en Antartida, en acampadas, trekings, rutas en bici, caiaque... y tambiém con muchas personas famosas de Argentina. A final de tanta historia la panadaria es un punto de parada para todos los viajeros que cruzan la Isla de Tiera del Fuego.

Pasamos todo el sabado por allí mirando el movimiento de la panadaria, conociendo gente, vendo la televisión que siempre repetia las mismas noticias - y la noticia del momento era una grande ruptura del glaciar Perito Morino. Yo tenía claro que me gustaria llegar el dia seguinte (domingo 04-03-2012) en Ushuaia. Mathias queria quedarse allí por un tiempo, quizás conseguir algo de dinero y no tener que regresar a Alemania.

Despertamos el domingo con una fuerte lluvia, el cielo estaba gris, mientras desayunaba ví que seria una locura salir con aquellas condiciones climaticas. Y he tenido que cambiar de idea y a final me quedé. Cuando hablé con Emilio, simplesmente dijo, quedate el cuanto quieras.

Así que pasé el domingo "trabajando" con Javier, Claudio, Clara... todos funcionários de la panadaría que trabajan con mucha satisfación allí. Aprendí a hacer masas para las facturas (típicos dulces de Argentina), pan, empanadas, como funcionaba el horno... Fue un lindo dia donde he tenido la oportunidade de aprender más de un poco de la vida de aquella gente que vive en el corazón de la isla. Muchas de esas personas vienen del Norte de Argentina en busca de una vida mejor en el Sur, ya que en aquellas latitude hay mejor salario, pero siempre tienen el deseo de un día regresar a sus origenes.

Para un ciclista Tolhuin no es nada interesante, un par de calles, que en pocos minutos se recojen y nada más. La belleza esta en el Lago Fagnano, pero no tenía ganas de caminar, me mente estaba focada en los ultimos Kms a mi destino, Ushuaia.

Desperté el lunes y fue directo ver como estaba el cielo. Habia muchas nubens pero no llovía. Fue a desayunar facturas con sumo, y mientras tanto tomaba corage para arrematar la ultima etapa. Mathias queria que me quedará pero yo tenía otros objectivos y muy agradecido por todo lo que aprendí me despedí de toda la gente que allí he conocido.

Tenía que superar el paso Garibaldi, del cuál mucho ecuché, es el paso más austral - y terminal- de la extensa cordillera de los Andes. En realidad no fue dificil, tenía unas vistas maravillosas, agua fresca por todos los lados, el lago Escondido y el lago Fagnano me sonreian, el sol aparecía timidamente. Fue haciendo paradas a cada 25 Kms y disfruté muchissimo de la bajada del paso Garibaldi, como apenas había transito, pude bajar en alta velocidad.

Sucederan muchos kilometros con bajadas y subidas, pero nada duro, al contrario todo era maravilloso. Hasta mismo la lluvia que resolvió calir veo en el momento justo, pues tenia donde abrigarme y hacer el ultimo descando.

Cuando vi la senal de "Ushuaia 3Km" me emocioné. Ushuaia se aproximaba - o mejor, yo llegaba a mi destino - y cada célula de mi cuerpo ya sentia la alegria de la realización de un sueño.

Cuando pasé al portal que anuncia la llegada a Ushuaia he tenido una vista panoramica de la ciudad más austral del mundo. La ciudad esta arrinconada por una cadena montañosa llamada Martial, con nieves en sus cumbres, y es bañada por la aguas del canal de Beagle.

Raidamente se ver que la ciudad vá crescendo a un grande ritmo, la evolución poblacional es algo impresionante, pasando de 2.182 en 1947 a una estimación de 60.623 para el ano de 2013.

Y así fue entrando lentamente el la ciudad, me acuerdo bien de como se fue el sol y luego empezó a granizar cuando estaba cerca del camping. Allí fue muy bien recepcionado por el admnistrador (el mismo que luego me compró la bici).

Me reuní con algunos ciclistas que aqui teminan su viaje. He encontrado gente muy interesante que empiezaron sus viajes en diversos puntos de las Americas (Alaska, Canada, Venezuela e Ecuador). Los días que pasé en Ushuaia fueran muy frios, pero aproveche para deambular por sus calles, hablar con la gente, escribir decenas de postales y pensar en el regreso al Norte.

Durante el viaje he tenido muy pocos dias de compañia pero eso no me molestaba, he tenido mucho tiempo para pensar, refletir, orar, no pensar, vuelver a pensar, hablar conmigo mismo, recuerdar gente querida que viven aquí y también en el mundo espiritual... Sin duda el viaje fue hermoso y aquí se queda plasmada.

www.ingramcontent.com/pod-product-compliance
Lightning Source LLC
La Vergne TN
LVHW051302200726
843510LV00010B/1251

9 788468 659756